# Cómo mantenerse siempre feliz

Consejos para liberarse
de la ansiedad, estrés y tensión

# Cómo mantenerse siempre feliz

Consejos para liberarse
de la ansiedad, estrés y tensión

*Cómo mantenerse siempre feliz* es una obra maestra del famoso autor de libros de autoayuda Er. M.K.Gupta, el cual nos brinda incontables consejos prácticos para disfrutar la felicidad día con día.

La característica más notable de este libro es que lo puedes empezar a leer en cualquier página, ya que cada consejo está completo y es independiente uno del otro.

En cada consejo, el autor da un mensaje corto de una o dos páginas, lo cual elimina completamente el aburrimiento y la monotonía. Usted se sentirá como si flotara sin esfuerzo en la materia mientras lee este libro. ¡Más de 120 consejos para hacer que su vida sea más brillante y feliz!

1a. edición, noviembre 2009.


Nicolás San Juan 1043, Col. Del Valle. 03100, México, D.F.
Tels. 5575-6615 • 5575-8701 y 5575-0186
Fax. 5575-6695
http://www.grupotomo.com.mx
ISBN-13: 978-607-415-140-4
Miembro de la Cámara Nacional de la Industria Editorial No. 2961

Traducción: Silvia Núñez
Diseño de portada: Karla Silva
Formación tipográfica: Francisco Miguel M.
Supervisor de producción: Leonardo Figueroa

# PREFACIO

No hubo mucha planeación al escribir este libro, ya que siempre he estado más interesado en leerlos que en escribirlos. Mi gusto por la lectura ha estado centrado principalmente en saber las verdades y misterios de la vida y descubrir las formas para la felicidad eterna, con la consecuente eliminación de la miseria y el sufrimiento, a los que el hombre común y corriente se enfrenta con frecuencia. No dudo en confesar que hasta ahora he leído miles de libros relacionados con yoga, espiritualidad, la mente humana y también sobre el cuidado de la salud. No hay nada maravilloso en esto. Es solamente cuestión de interés.

De repente caí en la cuenta de por qué no cristalizar algunas de estas ideas que estaban flotando en mi mente en algo conciso, simple y de forma sistemática, que pudiera ser asimilado de manera sencilla y puesto en práctica por el hombre común. Así es como la pluma empezó a trabajar y cuando se detuvo, me di cuenta que se había convertido en un libro. Cuando empecé a escribir, más y más ideas surgieron. Para darle a estas ideas la forma correcta de un libro, tuve que hacer muchos ajustes, modificaciones; tuve que teclear y volver a teclear y toda esta labor dio como resultado un libro presentable. Ahora, los frutos de este esfuerzo están en tus manos, y me consideraré satisfecho de haberlo realizado si el libro te es de utilidad. Después de todo, la evaluación final de las ideas y de la sabiduría de la presente obra la tiene solamente el lector.

Los escritos contenidos en este libro no están basados únicamente en mis estudios de innumerables temas; también se fundamentan en mi experiencia personal y en mi realización en la vida. Le pido a los lectores que no lean este libro como si fuera una novela ordinaria. Léanlo no de prisa, sino cuando tengan un momento de paz y estén libres de las interrupciones y distracciones de la rutina diaria.

Me pongo a sus órdenes para cualquier comentario, sugerencia o aclaración por parte de los lectores, quienes me podrá consultar cuando gusten.

Que disfrutes y saques provecho de este libro.

Nueva Delhi

**—Er. M.K. Gupta**
Inter.-University Accelerator Centre (IUAC)
(Antes el Centro de Ciencia Nuclear)
Near Vasant Kunj
Campus J.N.U.
Nueva Delhi- 110067
Tel.: 2893955, 26892601
E-mail: mkg@iuac.ernet.in

# Contenido

# ALGUNAS NOTAS SOBRE LA FELICIDAD

- ❒ La felicidad es un estado mental, no reside en los objetos.
- ❒ Nadie te puede hacer feliz excepto tú mismo.
- ❒ El dinero te puede dar todo, excepto la felicidad.
- ❒ La felicidad no se puede comprar. Solamente se puede experimentar.
- ❒ La fuente de la felicidad está dentro de ti. No hagas intentos inútiles por buscarla afuera.
- ❒ Aunque te convirtieras en el rey del mundo entero y se te entregaran todas las posesiones y objetos de placer, aún así nada te garantiza que vas a ser feliz.
- ❒ La felicidad es tu verdadera naturaleza intrínseca. Solamente se puede descubrir y no se puede adquirir del exterior.
- ❒ El origen del estrés está dentro de tu mente. Sin entender y controlar la mente, es imposible eliminar el estrés.
- ❒ Nadie te puede hacer infeliz a menos de que tú se lo permitas.

- La felicidad es tu tesoro más valioso. No permitas que te la arrebaten diferentes circunstancias y asuntos insignificantes de la vida.
- La felicidad no es un objeto. Es un estado mental.
- La felicidad se mide con el espíritu con el que enfrentas los problemas de la vida.
- Buscar la felicidad afuera es como intentar atrapar una nube.
- La felicidad no llega por hacer las cosas que nos gusta hacer, sino por lograr que nos guste lo que tenemos que hacer.
- La felicidad se encuentra en las pequeñas cosas: la sonrisa de un bebé, una carta de un amigo, el canto de un pájaro, la luz del sol a través de la ventana.
- La felicidad es como el perfume; no la puedes rociar a los demás sin que algo te caiga a ti.
- La felicidad crece de las relaciones armoniosas con los demás, y ésta basada en actitudes de buena voluntad, tolerancia, entendimiento y amor.
- Somos tan felices como nosotros queremos.
- La felicidad te llega sin que te des cuenta al apoyar a los demás. *Ayúdale a tu hermano a cruzar su bote y ¡oh! El tuyo también habrá llegado a la orilla*
- La mejor manera de permanecer feliz es asegurándote de que los demás también lo son.

- La tensión o la tristeza no son un objeto o una cosa o una situación. Es nuestra reacción hacia todo eso lo que la genera.
- La felicidad no es la realización de los deseos, sino la ausencia de ellos.
- Si un mayor número de personas desearan su propia felicidad más de lo que desean la tristeza de los demás, podríamos tener muy pronto un paraíso terrenal.
- Felicidad: es un gran tesoro – yo lo compraría, suplicaría por él, lo robaría, pelearía y moriría por él.

# ¿QUÉ ES LA FELICIDAD?

Antes de embarcarnos en una detallada discusión sobre este fascinante tema, tenemos primero que apreciar el maravilloso hecho de que la felicidad y la tristeza son básicamente estados mentales y que no necesariamente dependen de circunstancias y condiciones externas. En otras palabras, ***éstas vienen desde adentro y no desde afuera.*** Por ejemplo, dos personas pueden reaccionar de diferente manera en la misma situación. Mientras que una se puede poner extremadamente tensa y ansiosa, la otra puede permanecer en un estado de calma y felicidad ante el mismo hecho.

Por lo tanto, lo que determina la felicidad y la tristeza no son circunstancias o condiciones externas, sino nuestra actitud o reacción mental hacia aquellas situaciones. No sería una exageración decir que ***la actitud mental lo es todo en la vida.*** Varias religiones sostienen que existe dentro de nosotros una reserva o fuente de alegría, felicidad, amor, paz, fuerza y sabiduría. Ésta ha sido llamada por diferentes personas como el "Ser Divino" o el "Ser Interior" o el "Verdadero Ser" o el "Espíritu" o la "Chispa Divina" o el "Ser más Íntimo", etc. Es precisamente a ese ser al que tenemos que tener acceso para conseguir la verdadera felicidad. Como te podrás dar cuenta, esa fuente de alegría no se encuentra en ningún otro lado que no sea dentro de ti. Al cambiar la actitud mental de manera positiva, nos podremos acercar más y más a dicha fuente.

Por tanto, para permanecer siempre felices, lo que debemos hacer es simplemente reajustar nuestras actitudes mentales. Necesitamos fortalecer nuestros pensamientos y nuestra fuerza de voluntad. En este libro, estoy dando algunos consejos dirigidos a que cambies tus actitudes mentales y a que incrementes tu fuerza de voluntad. Si estas recomendaciones las incorporas a tu vida diaria, te llevarán a la eterna felicidad, paz y estabilidad de tu mente.

Escogí un modo muy práctico para explicar, así como un lenguaje y expresiones comunes, de manera que podrás simplemente flotar en la lectura sin que te veas atrapado en tecnicismos y filosofías que aturdan tu mente. Por favor, toma en cuenta que éstas no son enseñanzas meramente teóricas. Todas han sido probadas y experimentadas de manera práctica, por innumerables personas en el pasado, las cuales, han obtenido la llave de la felicidad eterna. Te aconsejo que las leas una y otra vez y que hagas una larga contemplación después de cada idea, para lograr el máximo beneficio y para que los diferentes puntos se establezcan propiamente en tu mente.

*Si espero a ser feliz*
*Esperaré por siempre*
*Si soy feliz ahora*
*Seré feliz por siempre*

# 1. Concentración

***Así como el ejercicio físico fortalece el cuerpo, la concentración incrementa la fuerza de la mente.*** Una mente fuerte no es afectada o molestada tan fácilmente por las pruebas y tribulaciones de la vida. Para incrementar la concentración, no importa la actividad que estemos realizando, debemos estar completamente absortos en ella, sin considerar lo trivial que parezca. En ese momento, el resto del mundo deberá estar muerto para ti. Por ejemplo, si estamos comiendo una fruta, debemos deleitarnos con cada trocito en total concentración. Si nos estamos bañando, y queremos obtener el máximo beneficio, debemos sentir lo agradable que es esta actividad, manteniendo nuestra completa atención en ello.

Si estás leyendo un libro, permanece completamente absorto en él sin que nada más importe. También deberás

aprender a concentrarte en cosas insignificantes para desarrollar un verdadero control de la mente.

En otras palabras, la concentración significa que tienes que aprender a permanecer en el momento presente, y ésta es precisamente la característica más deseable para lograr el éxito y la felicidad en la vida.

# 2. Desapego y la habilidad de soltar

Junto con la concentración, también deberíamos desarrollar la habilidad para desprendernos de cualquier cosa o tarea en un momento dado. Algunas personas se pueden concentrar y volcar tanto en una labor, que encuentran difícil olvidarse completamente de la primera mientras avanzan a la siguiente actividad. Ellos experimentan un periodo de resaca. Esto nos muestra que nos atamos de manera excesiva a diferentes cosas y eso no debería de pasar.

Por favor, toma nota de que el mundo es una gran escuela de entrenamiento. **Lo único importante de las diferentes cosas e incidentes mundanos radica en que nos dan el entrenamiento y las lecciones que necesitamos para nuestro crecimiento.** ***Ellas, por sí mismas, no son importantes.*** Por lo tanto, deberíamos usarlas para nuestro aprendizaje y crecimiento, pero no deberíamos apegarnos tanto a ellas y una vez que hayan cumplido su propósito de enseñarnos la lección, deberíamos olvidarlas y desecharlas. La concentración y el desapego deberían ser practicadas simultáneamen-

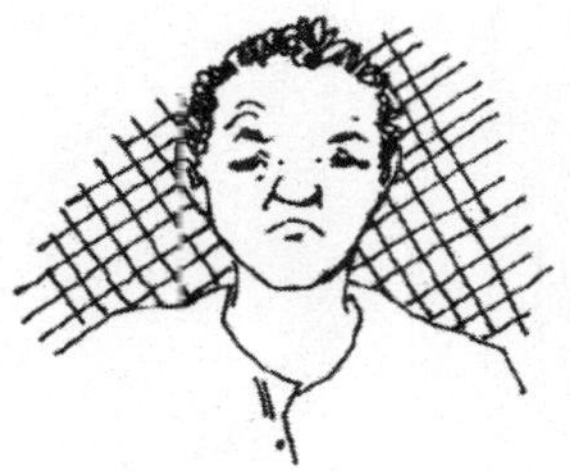

te. Esto es en lo que el Swami Vivekananda hacía énfasis. La habilidad de olvidar y desprenderse del pasado indeseable es una gran cualidad para obtener éxito en la vida. Bien se dice que: ***Aunque a veces es útil recordar, es más sabio olvidar.***

---

***Nota:*** Estrictamente hablando, nada se olvida, todo se almacena en nuestro subconsciente; lo que queremos decir con la palabra "olvidar" es que no deberíamos, conscientemente, traer cosas a nuestra mente una y otra vez.

# 3. Pensamiento planeado

Asegúrate, en diferentes intervalos, de que tu pensamiento sea planeado y sistemático y no caótico y al azar. Tener pensamientos al azar, el soñar despierto, son signos de una mente débil e indican que en vez de controlar tu propio subconsciente, (esa parte de la mente en donde se guardan todas tus necesidades, deseos e inclinaciones) tú estás siendo controlado por él. Tu mente consciente deberá permanecer completamente activa y clara, y mantener su poder maestro al controlar a su subordinado (la mente subconsciente).

---

***Nota:*** Para entender más acerca del funcionamiento de la mente conciente y subconsciente, por favor revise mi libro *Controla tu mente y dile adiós al estrés.*

Al alcanzar estados pasivos, flojos y de soñar despierto, estás fomentando la influencia de la mente subconsciente sobre tu mente consciente. Asegúrate entonces de tener en tu mente solamente aquellos pensamientos que quieras en ese momento. Se observó, en una encuesta, que una persona pasa una parte considerable de su vida pensando en cosas inútiles. Esto se puede cambiar fácilmente efectuando actividades útiles.

## 4. Pensamiento positivo

***Le damos la menor importancia al aspecto más importante de nuestras vidas, es decir, a cómo pensamos.*** Es el factor más grande para construir nuestra personalidad y carácter. Desarrolla la habilidad de ver todo positivamente, aún en las situaciones más complicadas. El pensamiento negativo debilita la mente, la vuelve inquieta, agitada e impura. Convierte todas las situaciones negativas en positivas, reajustando tu actitud mental. Por poner un ejemplo de cómo lo puedes lograr, imagina que alguien abusa de ti o te hace comentarios desagradables, entonces, en vez de sentir rencor por esa persona, solamente piensa que está alterada o que no ha madurado completamente; es por esa razón que te dijo esas cosas. Pero no desarrolles ningún tipo de resentimiento en su contra. Esto es una actitud positiva.

Al tener pensamientos positivos, atraerás condiciones físicas y de entorno favorables ya que, mediante la ley de la atracción física, tú atraes condiciones físicas y circunstancias de acuerdo a tus pensamientos. Por ejemplo, imagina que has desarrollado el constante miedo de que te vas a enfermar de cierta cosa, pronto te darás cuenta que te encontrarás sintiendo todos los síntomas de dicha enfermedad. ***Así es el poder de los pensamientos, son tan reales como una piedra sólida.***

Al permanecer positivo, creas un aura de vibraciones positivas a tu alrededor, las cuales no sólo te benefician a ti, sino a todos aquellos que entren en contacto contigo. Esta aura también te protege del ataque negativo de otras personas.

---

***Nota:*** Para un mayor entendimiento de la naturaleza y efecto de los pensamientos y la manera en que trabajan las mentes conscientes y subconscientes, por favor revise mi libro *Controla tu mente y dile adiós al estrés.*

# 5. Reducir la participación emocional, tomarse las cosas tranquilamente

La principal causa de nuestro sufrimiento es la participación emocional al tratar con diferentes incidentes, realidades y circunstancias en la vida. Deberíamos observar y afrontar todos los objetos mundanos y situaciones de manera objetiva, como un espectador, como si éstas fueran diferentes y nosotros también y tuviéramos solamente una asociación temporal con ellas.

La razón de nuestra participación emocional en las cosas mundanas es que las tomamos demasiado en serio, y eso no lo deberíamos hacer. ***Tenemos que considerar que ninguna dificultad o problema es permanente. Todo pasará. Así es la ley. Todo se encuentra en un estado de movimiento y de cambio constante. Aquí nada es permanente y estático.***

El tomarse las cosas muy en serio, también da como resultado la formación de impresiones profundas (*samskaras*) en tu mente subconsciente, las cuales, a su vez, dan como resultado el desarrollo de diferentes tendencias y prejuicios en tu mente, a favor o en contra de diferentes situaciones, y reduce la habilidad de ver las cosas objetivamente (es decir, como en verdad son). En otras palabras, las emociones como agradar, disgustar, amor, odio, celos, venganza, etc., deberán ser sacadas de raíz gradualmente, dando como resultado una mente verdaderamente imparcial y desapegada, la cual permanecerá calmada, serena y balanceada durante las pruebas y enfrentamientos de la vida.

# 6. Dale la bienvenida a las dificultades y problemas de la vida, son para nuestro bien

Con respecto a los diferentes problemas, sufrimientos e incomodidades que enfrentamos en la vida, deberíamos tratar de desarrollar la filosofía que nos permita entender que dichos acontecimientos no han venido a espantarnos. De hecho, estos sufrimientos e incomodidades son las cosas que necesitamos en este momento para tener más fuerza y crecer en donde tengamos una carencia. Estos son los procesos y pruebas para nosotros. En vez de oponernos a ellos, deberíamos, en tales circunstancias, detenernos un momento, hacer una revaluación e introspección y aprender

la lección que nos dan. ***Podemos obtener algún beneficio y aprendizaje de cada problema o dificultad en la vida y explotarlo para nuestro provecho. Ésta es una maravillosa ley de la vida.*** En cada adversidad y dificultad, pregúntate qué mensaje te está trayendo este problema y qué beneficio puedes obtener de él. Deberás salir más sabio y más maduro después de atravesar un problema.

Si peleamos con estas incomodidades y nos acusamos a nosotros mismos y a los demás, simplemente estamos invocando una nueva cadena de causa y efecto, complicando aún más el asunto. Recuerda que ***todo lo que nos pasa en la vida es para nuestro propio bien. En las circunstancias que aparentemente parecen crueles y adversas, se encuentra escondida la infinita misericordia de Dios*** y nos podemos dar cuenta de ella si la contemplamos apropiadamente. Es por eso que las personas iluminadas siempre agradecen a Dios los problemas y los consideran como un *prasad* de Él. Nunca cuestionan a Dios, simplemente fluyen con Su decisión, aceptándolo todo y evitando nada.

***Dios te ha colocado en el lugar que mereces.*** Necesitas esta posición para tu crecimiento o para trabajar o balancear algunos karmas. ***Una vez que juegues tu papel actual con éxito, serás automáticamente ascendido al siguiente nivel.***

# 7. Hay una razón para todo, nada ocurre por casualidad o accidente

Recuerda que siempre hay una razón para todo lo que nos sucede. Nada pasa por casualidad o por accidente. ***El universo tiene un cierto orden y todo está ligado por una relación de causa y efecto. Por cada efecto hay una causa.*** Lo que sea que te esté sucediendo ahora, es porque has puesto en marcha ciertas causas del pasado y a menos de que éstas causas sean trabajadas gradualmente en la forma del efecto, y que no generemos nuevas, no podremos ser libre y felices por siempre.

Basados en el conocimiento antes mencionado, cambia tu actitud mental al enfrentar los diversos problemas en tu vida. No los veas como una carga que llega quién sabe de dónde. Considera todos los problemas como proyectos y como el medio para crecer y ***mantener la mente equilibrada en el éxito/fracaso, ganancia/pérdida, alabanza/insulto, para que de esta manera puedas detener cualquier lazo reciente de karma. Los incidentes o eventos no son importantes, lo que es importante es nuestra actitud mental y la reacción que tenemos hacia ella.*** Es por eso que se ha dicho correctamente que ***"El mundo no es ni bueno ni malo. Depende de la manera en que lo veamos"*** o en otras palabras, depende del estado de nuestra mente. ***Lo que sea que está dentro de nosotros, aparece de igual forma en el exterior.***

# 8. Silencio, soledad y autointrospección

Trata de encontrar un momento durante el día en el cual te encuentres en soledad y en silencio, y dedícalo única y exclusivamente a ti. Trata de hacer algo de autointrospección durante este tiempo, de manera que puedas ver qué áreas necesitas mejorar y hacer más fuertes y en cuáles otras estás fallando. Por medio de este autoanálisis date las sugerencias que requieras para progresar.

Mediante el silencio conservarás la energía mental. Procura hablar poco, en voz baja y dulce, y ve siempre al grano. Evita hablar demasiado y en un tono muy alto. Aléjate de los chismes, de las peleas innecesarias y de las discusiones. ***Siempre debe haber un objetivo mientras hablas. No hables sin sentido.*** Desperdiciamos mucha energía mental y física en discusiones inútiles.

# 9. Sobreponerse a los miedos

Los miedos desgastan nuestra energía mental y son los bloqueos principales que impiden nuestro progreso. ***Mediante la ley de la atracción, lo que sea que nos provoque miedo o duda, serán las condiciones y circunstancias que en realidad atraigamos*** a nuestro alrededor, de manera que quedaremos nuevamente atrapados en un círculo vicioso. Existen algunas personas cerca de nosotros que constantemente tienen miedo a esto o a aquello, o a lo que les pueda pasar, de manera que mantienen su mente en un constante estado de agitación y confusión.

Por favor, recuerda que no hay nada en este mundo a lo que le debamos tener miedo. Nada está diseñado en el uni-

verso para lastimarnos. Una de las mejores maneras para quitar el miedo es enfrentarlo intencionalmente, pararnos delante de aquello que nos atemoriza y negar mentalmente que esto nos pueda lastimar, hay que repetirlo hasta que el miedo haya desaparecido completamente. Las causas de tu miedo saltarán hacia ti una y otra vez hasta que las hayas superado. Hay una ley que dice que entre más miedo le tengas a una cosa, más miedo te dará. Sin embargo, si tú no temes y enfrentas el miedo de manera firme e indiferente, sucederá lo opuesto, es decir, el miedo se alejará de ti. ***También considera que esta gran verdad que te está pasando actualmente, nunca será tan temerosa y dolorosa como nuestro pensamiento e imaginación creen.***

Inclusive los incidentes con supuestos fantasmas, magia negra, posesión de almas y otros fenómenos paranormales afectan solamente a aquellas personas que son miedosas, débiles y que permanecen sensibles a este tipo de cosas. Todo esto no puede afectar a una persona cuya mente es fuerte.

Aún más, obtén fuerza mediante el conocimiento (así como te expliqué anteriormente) de que nada sucede por casualidad o por accidente. Existe una razón para cada suceso. Por lo tanto, por qué tener miedo pensando que algo te sucederá. Sólo enfrenta cada desafío de la vida valientemente, con una perspectiva positiva y con la fe firme en Dios, él es el único que nos provee con verdadera seguridad.

# 10. No tengas complejos de inferioridad, tú también puedes hacer lo que los otros hacen

Muchas personas tienen complejo de inferioridad y creen que no pueden hacer las mismas cosas que los demás. No tienen confianza en su capacidad. Por favor, recuerda que el máximo potencial de todos nosotros es exactamente el mismo. Nadie es mejor o peor que uno, gracias a esto podemos explorar el potencial de nuestra mente por medio de la meditación y la conciencia del alma. La razón es que todas las almas son exactamente iguales en sus atributos originales. No hay ni siquiera una pizca de diferencia. ***Por lo tanto nunca te compares con otros y tampoco te sientas inferior o superior a nadie.***

Ten plena confianza en lo que los demás pueden hacer, ya que tú también puedes lograrlo. Sólo es cuestión de despertar tus facultades mentales que están latentes. De hecho, no hay ningún problema que no podamos resolver mediante el desarrollo de nuestra mente y si además logramos ponerla en sintonía con Dios (nuestro Padre espiritual), podremos incluso compartir sus vastos poderes.

# 11. No pierdas el tiempo

Normalmente se puede observar que aunque estemos corriendo mucho de un lado a otro, no alcanzamos un rendimiento óptimo. En concreto, simplemente estamos disipando nuestra energía. La vida es corta y maravillosa, y el tiempo está corriendo rápidamente. ***Cada momento nos acerca más a la muerte. Todo puede terminar en un instante sin avisar.*** Por lo tanto, no pierdas ninguna oportunidad. Tenemos que conseguir lo máximo en el mínimo de tiempo. Asegúrate en cada momento de que estés avanzando hacia delante y que no te estés moviendo hacia atrás. No te detengas en pensamientos sin sentido, en chismes o en holgazanear de aquí para allá. El tiempo que has perdido, lo has perdido para

*Muchas personas no se dan cuenta de cómo están desperdiciando su precioso tiempo de vida.*

siempre y nunca lo podrás recuperar. El tiempo, como cualquier otra comodidad, no se puede guardar. El tiempo que no se utiliza se desperdicia para siempre. Existe un dicho que dice: ***Desperdicia tu dinero y solamente te quedarás sin dinero, pero si desperdicias el tiempo habrás perdido una parte de tu vida.*** Por lo tanto, siempre mantente ocupado en algún trabajo constructivo y útil.

Cualquiera que sea tu profesión o la actividad que estés realizando en tu vida, explora las técnicas con las que puedes obtener un mayor rendimiento con un gasto mínimo de tiempo y energía. Siempre pregúntate si la cantidad de tiempo y energía que estás gastando en un trabajo en particular vale la pena. ¿No estarás gastando más tiempo y energía de lo necesario? Tu aportación de tiempo y energía y lo que obtengas deberán estar bien balanceados. Aprende cómo manejar el tiempo para conseguir un máximo de eficiencia y la utilización óptima de tus esfuerzos y energía. También estudia sicología humana para tener una eficiente interacción con tus colegas, superiores y subordinados, para que obtengas lo mejor de ellos con la menor cantidad de fricciones y el menor gasto de energía. Planea tus trabajos, haz una lista de tus prioridades y sigue un enfoque sistemático en vez de estar cargando al azar como lo hace la mayoría de la gente.

Por favor recuerda que ***le debemos respuestas a nuestro Padre (Dios) por cada una de las cosas que estamos haciendo en este plano terrenal (eso incluye lo que pensamos y hablamos)*** y todo esto tiene un gran impacto en nuestro destino futuro y en la próxima vida.

## 12. Control sobre los impulsos, automodérate y ten paciencia

En tu vida diaria, no sigas simplemente tus impulsos y empieces a decir y a hacer lo primero que se te ocurra. Ésta es la señal de una mente débil. Checa y controla tu mente y nunca te conviertas en su esclavo. Sé el amo de tus pensamientos y de tus sentidos. Deja que ambos trabajen como tus sirvientes y no les permitas cruzar sus límites. Tu intelecto, junto con tu conciencia, deberán mantener su superioridad por encima de estas facultades menores. No importa qué impulso o necesidad llegue a tu mente (esto viene de tu subconsciente donde estas tendencias, deseos y pasiones están en estado latente), no saltes inmediatamente sobre él. Primero examínalo apropiadamente y después, por consiguiente, consérvalo por un tiempo o ignóralo por completo. ***Ejercitando la paciencia de esta manera, tu fuerza de voluntad y mental aumentarán gradualmente*** lo que es un prerrequisito indispensable para tener una vida satisfactoria y feliz.

Por poner un ejemplo: imagina que de repente te viene a la mente el deseo de comerte un trozo de pastel o helado. Con ese deseo, hay dos opciones abiertas para ti. Una es correr inmediatamente a satisfacer tu deseo y la otra es detenerte, pensar y examinar intelectualmente qué tan razonable sería correr al instante un par de kilómetros. Al adoptar la segunda opción, estarás aumentando tu fuerza de voluntad. Deberías ejercitar este tipo de paciencia en todos los sentidos y evitar las carreras, la ansiedad y la desesperación por las cosas materiales y los placeres sensuales. ***La única***

***área en donde se permite la impaciencia es en encontrar a Dios.***

El poder de una mente controlada se incrementa, así como el poder del agua aumenta cuando está contenida y canalizada mediante la construcción de una presa.

# 13. Cuando te provoquen no reacciones inmediatamente

Cuando te sientas molesto o inquieto debido a un problema repentino o algún comentario irrelevante que haya hecho una persona, evita reaccionar inmediatamente o caer en la provocación repentina. Deja que pase un tiempo y evita hacer o decir algo mientras aún estés alterado. Lo mejor es que evites temporalmente a la persona o a la situación que consideras como la causante de tu enojo. De preferencia, aléjate del lugar y siéntate en silencio durante un momento. Contrólate y cálmate y examina fríamente las ventajas y las desventajas. Lo más probable es que entiendas mejor cuál fue el problema en este estado mental. ***Cuando uno es pro-***

***vocado, el poder que tiene la mente para razonar es destruido.***

Aclárale a la gente tu inocencia sólo si te pregunta. No se la impongas. Tú elección para contestar deberá ser siempre de manera educada, controlada y respetuosa. Nunca te comportes de forma incontrolable, ni recurras a los gritos mientras contestas, sin importar lo equivocado de la acusación o de la crítica que te hayan hecho.

# 14. Obsesionarse con el pasado y preocuparse por el futuro

Muchas personas desperdician prácticamente su vida entera en estos dos aspectos. Es posible que no hubieras podido hacer lo que deberías en el pasado. Pero, echar a perder el presente a causa de eso, no es algo muy sabio. Lo mismo pasa si arruinas tu presente preocupándote por un futuro que no conoces en este momento, esto tampoco es sabio. De hecho, arruinar tu presente debido a las dos acciones arriba mencionadas, es echar a perder deliberadamente tu futuro.

Por favor recuerda que ***el presente es el momento más importante de tu vida. Lo que te debería de importar más a ti y al mundo en este momento es lo que eres ahora y no lo que fuiste o lo que serás.*** Nadie te va a molestar por problemas o situaciones del pasado y tampoco nadie te hará un examen sobre lo que pasó, solamente por haber tenido tal o cual problema. Las personas están interesadas en lo que eres ahora, en el presente. De manera que mejor ocúpate de él. Al controlar el presente no sólo establecemos unas buenas bases para el futuro, si no que también podemos reducir los efectos de los lazos *kármicos* del pasado considerablemente.

***El pasado deberá utilizarse exclusivamente para aprender algunas lecciones de él, para que no cometamos los mismos errores. Aparte de esto, el pasado no tiene importancia. Simplemente olvídalo como cualquier película que hayas visto. No hay escasez de oportunidades en tu vida***

***para progresar. Si has perdido algunas oportunidades en el pasado, todavía puedes alcanzar al tren. Siempre existen frente a nosotros oportunidades de todo tipo.*** Solamente debemos tener la voluntad o el deseo necesario para tomarlas.

# 15. Tú eres el amo de tu propio destino

Para aquellas personas que siempre empiezan a maldecir su suerte cuando se enfrentan con desgracias, por favor recuerden que ***ustedes son responsables al cien por ciento de lo que son en la vida. Han hecho su destino con sus propias manos.*** Tu pasado ha hecho tu presente. Tu presente hará tu futuro. Lo que estás experimentando ahora es el fruto de lo que hiciste en el pasado. El futuro todavía está en tus manos si eres lo suficientemente cuidadoso para mantener tu presente en orden. Por lo tanto, nunca maldigas tu suerte a causa de las desgracias, en vez de eso, enfrenta la realidad valientemente. ***Aceptar nuestra responsabilidad en la vida, y darnos cuenta de que nuestros pensamientos, palabras y acciones son el molde para formar nuestro futuro, nos traerá un cambio mayor en nuestra actitud hacia la vida.***

Vayamos más lejos, tú tienes un poder con el cual también puedes modificar y alterar tu actual destino. No tienes por qué ser un esclavo inútil en las manos del destino. Al experimentar pensamientos positivos y haciendo esfuerzos físicos con una determinación firme y con fuerza de voluntad contra los diferentes obstáculos, podrás vencer a las fuerzas del destino. Si también te puedes entregar a Dios, se vuelve aún más sencillo desapegarte de la rueda del destino, ya que habrá ayuda divina disponible para ti a cada paso.

De esta manera, no es necesario girar infinitamente en la rueda del destino como un esclavo. Tú tienes el poder para bajarte de esta rueda y controlarla en vez de ser controlado por ella. ***A medida que tu nivel de conciencia crezca, el poder que tenga el destino sobre ti, se volverá cada vez más débil.*** Es por esto que las personas espiritualmente iluminadas no le tienen miedo al destino. Se encuentran en un nivel donde las cosas no los afectan, en vez de eso, ellos mismos mueven las cosas. Ellos tienen en sus manos el asa de la rueda del destino, de manera que pueden cambiar las condiciones fijas. El destino trabaja como su sirviente, no como en la mayoría de nosotros, en donde el destino trabaja como el amo y nosotros actuamos como sus servidores.

También existe otra dimensión en todo esto. Una vez que hayas logrado un nivel más alto de conciencia y de control mental, no te afectarán las adversidades del destino. Las podrás soportar en completa calma, en vez de colapsarte como le sucede a las personas que tienen una mente débil. Tu reacción y actitud hacia las adversidades de la vida cambiarán completamente. No las tomarás en serio, ni las cuestionarás. Te darás cuenta que llegaron de acuerdo a cierta ley y que desaparecerán después de algún tiempo, de acuerdo

a la misma. De esta manera, desapegándote, alejándote y mirando todas estas adversidades como un observador, permanecerás mentalmente estable. Porque es solamente en la mente en donde sientes todo tipo de dolores, frustraciones, preocupaciones, ansiedades, miedos, etc. Una vez que controles tus pensamientos, todas estas circunstancias te soltarán y se rendirán a tus pies.

---

***Nota:*** Para un mayor entendimiento de la operación del destino y del libre albedrío en tu vida, por favor, lee el artículo "Destino y libre albedrío" que se encuentra en mi libro *Controla tu mente y dile adiós al estrés.*

# 16. Autosatisfacción antes de satisfacer a los demás

Muchas personas llevan un estilo de vida enfocado básicamente a impresionar y a satisfacer a los demás. Le dan más importancia a lo que los demás piensan de ellos, que a lo que ellos piensan de sí mismos. Ésta es una de las principales razones de nuestras frustraciones en la vida. Por favor, date cuenta que ***es más importante para ti lo que tú pienses de ti mismo que lo que los demás piensen de ti.*** Tu autoanálisis sobre ti mismo es mucho más importante. Nadie te conoce mejor que tú mismo. Por lo tanto, no te dejes llevar por el juicio o la opinión de los demás, ya sea que lo hayan hecho para alabarte o para criticarte. Sopésalos con tu intelecto y acepta sólo aquellos comentarios que consideres apropiados. El juicio que emiten otras personas sobre ti no es necesariamente el correcto ya que éste se da de acuerdo a sus prejuicios mentales. ***Solamente una persona iluminada que ha estado a tu lado puede hacer un juicio correcto sobre ti.***

Siempre mantente en tu estado natural con un estilo de vida simple y decente, sin importarte lo que los demás piensen de ti, y nunca trates de influenciar con engaños a las personas. ***El tratar de pretender lo que no eres es una fuente de gran estrés.***

# 17. Acepta y reconoce tus debilidades

***Una vez que hayas reconocido tu debilidad, habrás dado el primer paso para eliminarla.*** No deberás tener ninguna duda al aceptar tus debilidades delante de los demás y tampoco deberás intentar esconderlas, ya que es completamente natural para los seres humanos tenerlas y cometer errores.

Lo más importante es que, después de haber reconocido tus debilidades, empieces a esforzarte para erradicarlas. Esto es lo que diferencia a los seres humanos de las especies animales.

Si sientes que las personas que conocen tus debilidades te considerarán menos, entonces ***recuerda que siempre es***

***mejor que te reconozcan por ser menos de lo que en verdad eres,*** porque entonces no tendrás que presionarte todo el tiempo para ponerte a la altura de las expectativas de los demás. Por otra parte, como lo explicaba anteriormente, no es importante lo que piensen los demás de ti, lo verdaderamente importante es lo que tú pienses de ti mismo. ***Aprende a verte con tus propios ojos y no con los ojos de los demás.***

# 18. No llenes tu subconsciente con todo tipo de basura

Tu mente subconsciente es una gran bodega para tu mente consciente. Lo que sea que veas, pienses, sientas o experimentes, todo está almacenado en la memoria permanente. Pero la parte problemática es que, junto con nuestros pensamientos y las impresiones de nuestros sentidos, también estamos lanzando un montón de basura emocional y malas vibras (por ejemplo: odio, venganza, miedo, enojo, celos, etc.) las cuales hacen verdaderos estragos. Muchas personas se la pasan todo el tiempo lanzando negatividad de forma constante y sin piedad a su subconsciente, sin ni siquiera darse cuenta. Cada vez que tienes un pensamiento negativo, inmediatamente pasa a tu subconsciente. No hace ninguna diferencia en su efecto, si te das cuenta o no de esto.

La ley dice que lo que le hayas dado a tu subconsciente, éste te lo regresará. De manera que todas estas impresiones y emociones dañinas, regresan y crean ondas en la mente consciente, las cuales se manifiestan en impulsos, deseos y pasiones y la mantienen inquieta. ***Los sueños horribles que tienes por las noches, son el resultado de estos programas negativos, negligentes y desconsiderados del subconsciente.***

Ahora ¿cuál es la salida? Deberás empezar inmediatamente a alimentar el subconsciente con pensamientos y emociones fuertes y positivos. Esto destruirá gradualmente las impurezas y lo nocivo que habita en el subconsciente. Recuerda, ***lo positivo siempre supera lo negativo.*** Para esto, tu mente consciente tendrá que ser cuidadosa y estar alerta sobre todos los pensamientos que tenga y solamente deberá permitir la entrada a los pensamientos favorables. Para lograr esto, tendrás que desarrollar una actitud positiva hacia todas las cosas, hacia cada evento, problema, adversidad y hacia cada desgracia, buscando las lecciones escondidas y lo bueno de cada experiencia. Esto ha sido explicado ampliamente en otros lados.

Además, deberás controlar tus reacciones y limitar tus apegos hacia las diferentes cosas y situaciones mundanas. Entre más fuertes sean estas reacciones y apegos, más fuertes son las impresiones creadas en tu subconsciente, y entre más fuertes sean estas impresiones, más fuerte es la turbulencia que se genera en tu mente consciente. ***De hecho, es nuestra reacción y no la acción la causa de todos nuestros problemas.***

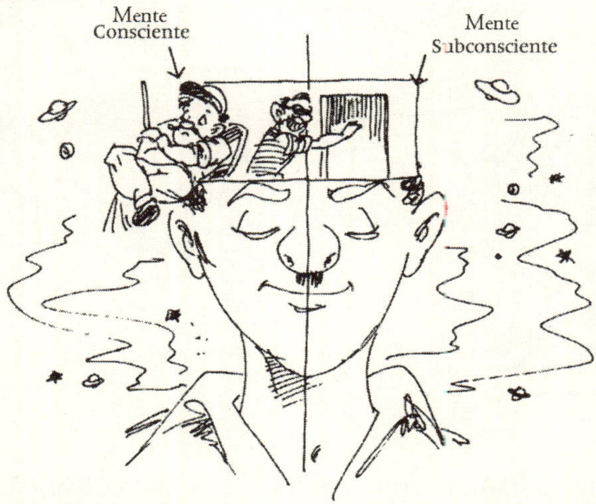


La mente consciente es como un portero o un velador. El subconsciente es como la tienda. Si el portero está dormido, cualquiera puede entrar a la tienda. Pero si está alerta, podrá controlar la entrada y le permitirá el acceso solamente a las personas deseadas.

## 19. Evita hacer comentarios/ observaciones/dar consejos a los demás a menos que te los pidan

Concéntrate solamente en tus progresos en la vida. No desperdicies el tiempo en molestar a los demás e interferir con lo que están haciendo. También evita hacer comentarios, observaciones y encontrar fallas en el trabajo de los demás porque aún no estás apto para hacerlo. ***Solamente la persona que ha alcanzado la perfección está capacitada para hacer observaciones y comentarios acerca de los demás.***

Algunas personas tienen el hábito de dar consejos innecesarios a todo el mundo aunque no se los pidan. Sobre esto, deberías dar un consejo solamente si te lo solicitan y si no estás familiarizado con el asunto, discúlpate en vez de dar un consejo equivocado o impreciso. Igualmente, ***cualquier***

***sermón que quieras dar en beneficio de otros, es mejor impartirlo mediante tu actitud en vez de con palabras.*** Esto tendrá mayor peso y fuerza. También recuerda que ***no puedes curar a una persona en contra de su propia voluntad.***

Si tienes una posición gerencial en donde el trabajo lo tienen que hacer tus subordinados, será inevitable que hagas comentarios y observaciones, o que des consejos sobre su trabajo, pero deberás hacerlo con el espíritu de sugerir y sin ninguna actitud de ego y dominación involucrada.

# 20. Elimina el ego y los sentimientos de querer hacerlo todo

En todos los trabajos o cosas que hagas, no pierdas de vista que es el trabajo de Dios y que lo estás haciendo bajo Su guía, como si fueras su servidor. Él es el verdadero emprendedor. Tú simplemente eres el medio o el instrumento en Sus manos. Cuando hayas terminado el trabajo, nuevamente, ríndeselo a Dios con reverencia y humildad. Nunca desarrolles el ego o *ahamkara* de que tú eres el único que puede hacer ese trabajo, y que entonces ahora esperas la admiración y la recompensa por ello. Porque es una realidad que tú solo no puedes hacer nada, a menos de que Dios te apoye para resolver todas tus dudas asociadas.

*Nadie más puede hacer una comida tan rica como la mía.*

También elimina el ego de nombre, fama, propiedad, riqueza, familia, etc. Porque todas estas cosas son transitorias y desaparecerán algún día. Te han sido dadas temporalmente por la gracia de Dios. *Ahamkara* o el ego es un velo que no te permite acercarte a Dios. ***Tan pronto como el ego se disuelva, podrás ver a Dios cara a cara.***

# 21. Permanece siempre optimista

No importa cuántas fallas hayas tenido al hacer una tarea, permanece siempre optimista sobre tu éxito. ***Recuerda que no hay ninguna fuerza en la tierra o en el cielo que pueda evitar que logres lo que quieras, ya que estás determinado a alcanzarlo por ser una buena causa.*** El requisito es tener una mente decidida y una fe firme en Dios.

También recuerda que ***ni siquiera el esfuerzo más pequeño de tu parte pasa desapercibido.*** Ésta es la ley de la naturaleza. Todos los esfuerzos, dolores, incomodidades que pases, definitivamente darán sus frutos tarde o temprano.

Así que aunque las cosas se vean mal, no renuncies y continúa en la lucha. No puedes saber lo cerca que estás y a lo mejor, al siguiente intento tienes suerte. La cita: ***"En tu fracaso se encuentra el secreto para el éxito"*** ha sido escrita con mucha sabiduría. ***Éxito/fracaso, placer/dolor, noche/día etc. Son las dos caras de la misma moneda y una no puede estar separada de la otra. Así que cuando vemos una, la otra también está ahí, esto es de acuerdo a las leyes naturales.*** No hay necesidad de alterarse debido a esto.

# 22. Aprende a decir "no"

Ten seguridad, sé directo, valeroso y nunca dudes en decir "no" si la situación lo requiere. Ese valor de decir "no" te puede salvar en momentos desagradables durante tu vida. No te dejes llevar por la influencia de los demás. ***Conserva una personalidad independiente, la cual deberá sobresalir como una roca, y permanecer firme ante la oposición si estás en lo correcto.***

También ten el valor para alzar tu voz en contra de lo malo o de las injusticias que se realizan. ***Si quieres ser una persona maravillosa y única, tendrás que ser diferente al resto de la multitud.*** Sin embargo, el ser directo no deberá ser confundido con ser arrogante. Es posible ser directo mientras eres educado y respetuoso. De esa forma, podrás explicar a la otra parte tus razones para decir "no".

Hay quienes piensan que el decirle "no" a otras personas los puede molestar, pero no olvides que tu propósito en esta vida no es agradar a los demás. Tu meta es el autodesarrollo. El gusto o el disgusto de otras personas depende más de sus propias mentalidades que de lo que tú les digas. Por ejemplo, si una persona tiene una mentalidad negativa, todo lo verá de forma negativa, sin importar lo que tú digas o hagas. Así que, en vez de concentrarte más en los otros, deberías concentrarte más en ti, en lo que estás haciendo, y si esto, según tu punto de vista, está bien o mal.

# 23. No pospongas las cosas

Hay algunas personas que tienen el hábito de posponer siempre las cosas. Si les pides que hagan algo, siempre te dirán "mañana". ***La gente exitosa es aquella que se levanta de su asiento y toma acción inmediata. El momento correcto para empezar o para hacer lo apropiado es justo ahora y no mañana.***

Ninguna persona ha sido capaz de hacer algo mañana. Cualquier cosa maravillosa que pase en el mundo fue hecha

por los que siempre hicieron énfasis en el "ahora", y no en el "mañana". Por favor, toma nota de que el "mañana" nunca llega. Lo que siempre llega a ti es el "presente".

El hablar o posponer las cosas un día tras otro es una señal obvia de que te diriges al fracaso. Así que evita la pereza y toma acción en el "aquí y ahora" y no en algún futuro imaginario.

# 24. Siempre permanece cerca de Dios

En cualquier cosa que pretendas hacer, Dios deberá estar delante de ti. Siente Su presencia mientras hablas, comes, caminas, duermes, viajas. Involúcralo en todas tus actividades. ***Mientras tengas tus manos en las Suyas, estarás a salvo de todas las miserias del mundo. Tan pronto como tu mano se desliza, te encontrarás rodeado de todo tipo de miedos, preocupaciones, ansiedades, incertidumbres, dolores, incomodidades, fracasos y desilusiones.*** Así que hazlo tu compañero en todo lo que hagas. Conservar tu mano en la Suya significa que permanecerás conectado a Él mentalmente. Poco a poco, mientras más cultives estos sentimien-

*Mantente conectado a Dios sin importar lo que estés haciendo.*

tos, ***llegará una etapa en la que estarás tan intensamente conectado con Dios que lo conocerás solamente a Él y empezarás a pensar, hablar y hacer todo en términos de Dios.*** Éste es un estado inimaginable de alegría y éxtasis, donde descubrirás que es imposible hacer algo sin la asociación de Dios. En todos lados sólo lo encontrarás a Él, y te sentirás sumamente intoxicado con Su amor.

# 25. No hay nada urgente o indispensable en este mundo

Muchas personas están bajo la presión y la urgencia crónica del tiempo para poder completar diferentes tareas. ***Para ellos, si algo no es realizado dentro de un lapso específico, se cae la tierra o el mundo se detiene.*** También le pasan este estrés a sus subordinados, marcando todo como "muy urgente" y de esta manera les transfieren sus ansiedades e impaciencias.

***No se dan cuenta de que no existe nada urgente o indispensable en este mundo. Todo puede esperar cierta cantidad de tiempo sin que haya algún efecto en el mundo. De hecho, nosotros dependemos de este mundo y no el mundo depende de nosotros.*** El mundo es autosuficiente y está siendo controlado por un poder superior. No tenemos que perder el sueño preguntándonos qué le pasará al mundo sin nosotros. Estamos aquí para usarlo y para aprender algunas lecciones de él y no al revés.

Por lo tanto, realiza las diferentes tareas desde el punto de vista de tu propio aprendizaje y crecimiento y no deberás tener sentimientos de pánico o malestares por no completar todas las diferentes tareas. Recuerda que aún con todo y tu pánico, planeación, arreglos, recursos, experiencia y precauciones, no existe ninguna garantía de que lograrás todo lo que quieres. Esto se debe a las diferentes incertidumbres involucradas en la naturaleza del mundo. ***Nuestra meta es cambiar y rehacernos a nosotros mismos y no al mundo. El cambio en el mundo se puede lograr mediante nuestro propio cambio, pero esto (cambiar al mundo) no es nuestra meta.***

Por lo tanto, haz tu mejor esfuerzo y deja todo en las manos de Dios.

# 26. No hay nada gratis en este mundo

Tienes que pagar un precio por todo lo que recibas en este mundo. Según las leyes divinas, no existe nada gratis. ***Todas aquellas cosas que aparentemente llegan a ti sin ningún costo, como alguna propiedad de un antepasado, la lotería o hasta el dinero de un soborno, lo pagarás de una forma u otra, aunque no lo puedas ver directamente.*** La conclusión de esto es que nunca pienses en aceptar alguna propiedad o dinero que no te pertenezcan o que no lo hayas ganado de for-

ma justa. Ya que esto no permanecerá contigo. Se te escapará de una forma u otra. Solamente lo que es tuyo en virtud de tu elegibilidad bajo las leyes divinas, permanecerá contigo.

# 27. Disfruta el trabajo, no esperes los resultados

Aprende a disfrutar el trabajo que estás haciendo por sí solo. ***Ya que los frutos no están en tus manos y solamente están en las del Todopoderoso, nunca deberás de depender de los frutos para tu placer.*** Imagina, dices que trabajaste muy duro, pero no recibiste los frutos. Ahora ¿por qué quieres quebrarte la cabeza con este análisis? Considera que es el trabajo de Dios. Él puede o no darte los frutos de tu labor, dependiendo de muchos factores. ***Tú has cumplido tu trabajo y listo; tendrás que seguir con tu siguiente tarea. ¿Por qué quieres interferir en la parte que le corresponde***

***Nota:*** Para un mayor entendimiento sobre los principios del Karma Yoga en la vida diaria, por favor revisa el artículo "El Arte del trabajo relajado y eficiente" que se encuentra en mi libro *Controla tu mente y dile adiós al estrés.*

## 28. Sé flexible para adoptar nuevos cambios y mejoras

El cambio es la ley de la naturaleza. La definición de la palabra es: aquello que está sujeto a cambio. ***Cada minuto, se están llevando a cabo cambios. Lo que fuimos una hora antes, ya no lo somos después.***

Por lo tanto, no te opongas a los cambios en la vida. Utilízalos como oportunidades para aprender y crecer aún más. Ésta es la filosofía de los cambios. Si no hubiera cambios, nos volveríamos estáticos y aburridos. Resistirse al cambio implica que estás viviendo en un estado de inercia y la inercia es un estado muerto. La ciencia define la inercia como la tendencia de una cosa de permanecer en el mismo estado a menos de que se le obligue a cambiar. ***Por lo tanto, aprende a respetar los cambios y aplícalos para tu beneficio en vez de molestarte.***

Tomemos como un ejemplo de cambio cuando eres transferido de un lugar a otro. En este caso, no empieces con todo tipo de dudas/miedos o pensamientos negativos sobre tu nuevo hogar/trabajo. Te darás cuenta que todos estos miedos estaban solamente en tu imaginación. Las cosas ahí pueden ser bastante diferentes y a lo mejor te encuentras algunas cosas buenas que no tenías en tu antigua vida. De hecho, puedes aprender a crecer aún en circunstancias negativas. Tu "voluntad" puede suplantar el efecto de toda negatividad y podrás ser capaz de cambiar una atmósfera negativa a una positiva mediante tu fuerza de voluntad, determinación y pensamientos positivos.

***También procura estar abierto a nuevas ideas y sugerencias.*** No cierres la puerta de tu mente teniéndola fija a ciertas ideas, caprichos y antojos. Intenta experimentar con nuevas innovaciones, técnicas y mejores formas de hacer las cosas. ***Recuerda que siempre hay una oportunidad para un mejor aprovechamiento, no importa la etapa en que te encuentres.***

# 29. Evita la codicia, todo le pertenece a Dios

No digas que todo es tuyo. Todo le pertenece a Dios. Cualquier cosa que digas que es tuya, en realidad te fue concedida por Dios sólo de manera temporal, como un medio para lograr tu meta final, pero en uno u otro momento, todas esas posesiones te dejarán cuando se haya logrado el propósito.

Así que nunca te apegues a las posesiones materiales y no te identifiques con ellas. ***Simplemente eres su cuidador por algún tiempo.*** Por lo tanto, evita la codicia y no guardes o colecciones demasiadas cosas, algunas pueden ser perecederas, las puedes cambiar y están sujetas a la descomposición natural. ***Tendrás que ser capaz de dejar todas***

***tus pertenencias en un momento dado. Éste deberá ser tu desapego hacia las cosas materiales.*** Mediante esta actitud también podrás eliminar los celos, los cuales son generados cuando comparas tus posesiones con las de los demás.

# 30. Las cosas pequeñas son tan importantes como las grandes

Deberías de prestarle a cada una de tus tareas, sin importar lo insignificantes que sean, toda tu atención. Cuando todo te empiece a parecer relevante, no importa lo pequeño o grande que sea, entonces, habrás empezado a moverte en el camino de la grandeza. ***El acabar exitosamente algo muy grande no es necesariamente un signo de grandeza.*** Inclusive los tontos pueden hacer cosas heroicas, cuando las circunstancias externas los favorecen. ***Tu grandeza es juzgada por cómo realizaste cada una de las pequeñas cosas en la vida.*** Para una persona verdaderamente grandiosa ambos actos fueron hechos con la misma dedicación y absorción, ya sea que hayan pelado un limón o hayan ejecutado múlti-

ples proyectos. Éste también es el principio del *karma-yoga*, en donde todos los trabajos son considerados como órdenes Divinas y son hechas desinteresadamente con un espíritu de rendirse hacia lo Divino. ***No hay un trabajo grande y uno pequeño. No hay "elecciones" o "preferencias".***

# 31. No te distraigas mucho al escoger o decidir algo

En cualquier lugar del mundo existen una gran variedad de cosas. Una persona distraída se confunde y se molesta fácilmente al tratar de escoger o decidirse por algo, pero si lo observas detenidamente, prevalece una unidad esencial en este universo de opciones. ***La diversidad y la dualidad que vemos en el mundo, son debido a la ignorancia.*** Actualmente la misma cosa se refleja en varias formas. Sólo que la cubierta externa es diferente. Lo que está adentro es lo mismo. Las personas con cierta espiritualidad son capaces de distinguir esta unidad en la amplia variedad, por eso, nunca se confunden, ni se preocupan.

Debido a esta unidad inherente, puedes escoger cualquier cosa o cualquier área de trabajo y encontrar la misma

felicidad porque **depende más de la conciencia con la que realices el trabajo que del trabajo en sí.** Por lo tanto, aléjate de la carrera de la comparación, la cual te podría llevar al final a enojarte por no poder tomar una decisión. Solamente escoge una alternativa (ya sea de un trabajo, una relación de pareja o de un artículo que necesites del mercado) después de una valoración e investigación y luego trata de encontrarle la satisfacción.

# 32. Entre más des, más recibirás

Es una maravillosa ley divina que dice que ***cualquier cosa que le des a los demás, se te regresará al doble o triple, ya sea en conocimiento o en cosas materiales.*** Algunas personas tratan de evitar compartir su conocimiento o ciertos objetos materiales con otros, de manera que estos no puedan llegar a alcanzar su nivel, pero el hecho es que ganas más al dar. Al compartir tu conocimiento con los demás te vuelves más sabio. Al darle felicidad a los demás, te vuelves más feliz. Al darle dinero a los demás, te vuelves más próspero. Por lo tanto, sé liberal a la hora de compartir con los demás. Esto es un hecho, ***cualquier cosa que le des a los demás, en realidad la ahorras y lo que le niegues a los demás, en verdad lo pierdes.***

La filosofía detrás de esta magia de "dar" y "recibir" es que en el momento en que das, tu conciencia se expande y te acercas a tu verdadera naturaleza (o naturaleza divina, la cual es todo éxtasis, felicidad, paz y está llena de bondad y de virtudes en la vida). Por el otro lado, cuando pensamos solamente en obtener algo de los demás, nuestra conciencia se contrae, nos alejamos de nuestra verdadera naturaleza y nos acercamos más a nuestra esencia más baja. Éste es un tipo de actitud egoísta, la cual detiene nuestro crecimiento y nos aleja de nuestra meta final.

# 33. Evita el egoísmo y expande tu conciencia

Elimina la actitud que tienes de hacer todo únicamente para tu propia comodidad, placer o beneficio. Recuerda este principio ***la mejor manera de mantenerte feliz es asegurándote que los demás sean felices.***

Deberías esforzarte y trabajar desde el punto de vista de que el mundo entero sea feliz y mejor y no solamente tú. Pero deberás dirigir tus esfuerzos para lograr esto. Déjanos ilustrártelo mediante un ejemplo. Supón que durante la época de verano no tienes aire acondicionado en tu oficina. Una manera de verlo es "debería tener por lo menos un ventilador en mi lugar para estar cómodo". Ésta es una actitud egoísta. Un ángulo diferente sería que pensaras en cómo hacer para que la oficina entera cuente con aire acon-

*Al servir y darle cosas a los necesitados, expandimos nuestra conciencia.*

dicionado, para que todos en ella se encuentren a gusto. Ésta es una actitud más amplia con la que todo el mundo se beneficiaría.

Así que tu preocupación por tu bienestar no deberá ser limitado solamente a ti o a tu entorno o a tus seres queridos. Deberá abarcar al mundo entero. Si ves o escuchas a alguien que está sufriendo en algún lado, deberá haber en tu corazón la misma compasión y preocupación como si tú lo estuvieras padeciendo, es decir, ***deberías de ser capaz de ver los problemas de los demás como si fueran tuyos, poniéndote mentalmente es su lugar.*** Deberías tener una clara idea de que cualquier comodidad o lujo que necesitemos, los demás también lo necesitan y de que cualquier cosa que nos incomode o nos duela, los demás lo sienten de la misma forma. Cuando empieces en verdad a sentirte de esta forma, entonces tu conciencia se habrá expandido realmente al concepto de familia global. En este estado, tu relación con las demás personas en el mundo, será la misma. No habrá nadie cerca o lejos.

En corto, deberás recordar siempre esto: ***En el bienestar y felicidad de los demás se encuentra nuestra propia felicidad. Si tu vecino está llorando, no podrás permanecer feliz a pesar de todos los lujos.***

# 34. Disminuye las implicaciones mundanas innecesarias

***El mundo es como una gran selva. Entre más te adentres a ella, más te perderás y confundirás.*** La forma de lograr tu crecimiento no es mediante la acumulación de experiencias en el mundo, sino cambiando la calidad de ellas en tu conciencia. Muchas personas deambulan sin sentido, corriendo en una dirección y luego en otra, buscando tener la mayor cantidad de experiencias posibles y cambiando varias veces de trabajo, de casa, de tierras, de relaciones, de proyectos, etc. Sin embargo, al final, estas personas son las más frustradas. En vez de correr sin objetivo hacia diferentes cosas en el mundo, enfócate en una transformación de tu conciencia, cambiando tus actitudes y escogiendo algunas actividades creativas/constructivas sobre las cuales trabajar.

Por lo tanto, involúcrate en los asuntos materiales necesarios solamente para tu supervivencia y para llevar a cabo tus deberes profesionales. Evita cualquier participación extra; al vagar innecesariamente de aquí para allá, al mezclarte sin un propósito claro con muchas personas, observando y metiendo las narices en todos lados, interfiriendo en los asuntos de los demás, etc. Del mismo modo, reduce tus ataduras terrenales, disminuye el número de inversiones, el número de propiedades y de fondos, el número de cuentas a tu nombre, de manera que simplifiques tu vida lo más que puedas. El involucrarte innecesariamente en asuntos mundanos, crea una distracción para la mente y los sentidos, que te impide lograr tu paz mental y tu desarrollo espiritual.

# 35. Ten buena compañía

Sé prudente al escoger tu compañía, ya que ésta tiene un gran impacto sobre ti, aunque sea indirectamente. Evita mezclarte con personas que tengan actitudes negativas y que tengan perspectivas materialistas.

Conserva solamente unos cuantos amigos, a los cuales hayas probado durante cierto tiempo y con diferen-

tes experiencias. A los que estén en sintonía contigo y una vez que hayas iniciado esta relación, trata de llevar una amistad duradera. El romper con las amistades frecuentemente representa una mente inmadura y poco desarrollada.

La gran importancia del "Satsang" (la asociación con los santos y sabios) en nuestras escrituras, se debe al hecho de que cuando uno tiene una compañía elevada y virtuosa, cambiamos inmediatamente y mejoramos sin ningún esfuerzo; esto debido al constante impacto de las vibraciones positivas y también por la ley de la inducción, según la cual tenemos la tendencia a imitar cualquier cosa que veamos, oigamos u observemos.

# 36. Conserva siempre una sonrisa en el rostro

Intenta sonreír al hablar, caminar, mientras estás sentado, parado y en todo momento. ***Esto te garantizará que permanecerás naturalmente positivo sin ningún tipo de esfuerzo.*** Se ha probado que existe una gran interrelación entre nuestros gestos (mudras) y las emociones o estados de ánimo. Ambos influyen y son influenciados entre ellos mismos. Esto quiere decir que si cambias tus gestos (de forma deliberada), tus emociones y estados de ánimo por consecuencia, cambiarán también. Es imposible mantener la misma emoción al cambiar el gesto. De forma similar, si tú estás feliz, es imposible mantener la cara fruncida y tensa. Tu cara se tendrá que relajar para expresar esa felicidad.

Al mencionar todo esto, quiero decir que ***al sonreír, la química de tu cuerpo cambia de tal forma que es imposible permanecer estresado. Por qué no aprovecharse de esto para ser una persona más ligera y libre.*** Inténtalo y experimenta por ti mismo.

# 37. Disminuye tus expectativas de los demás

Nunca esperes nada de los demás. Por ejemplo, no deberías pensar que tu hijo debería hacer algo por ti, sólo porque es tu familiar y has hecho mucho por él.

Por favor toma nota que el ayudar a alguien, no significa que después lo hará por ti. Sólo estás haciendo el trabajo de Dios y básicamente te estás ayudando a ti mismo, elevándote y purificándote, llevando a cabo este buen karma. La otra persona, simplemente te ha dado la oportunidad para que lo hagas y deberías estar agradecido por ello.

En el momento en que la idea de obtener algo a cambio por haber ayudado a alguien, se apodera de ti, has convertido este acto puro en una negociación comercial, y el ideal de tu trabajo, se ha perdido. Más aún, cualquier ayuda que brindemos actualmente está siendo hecha por Dios. Hemos sido escogidos simplemente como el medio físico porque así lo deseamos.

Por lo tanto, si alguien no devuelve tu ayuda apropiadamente, no te sientas mal, ni generes algún tipo de rencor hacia ellos, solamente mantente neutral. Si alguien te devuelve la ayuda, agradécelo. Más aún, si todo lo que buscamos es una recompensa por haber hecho bien el trabajo o por haber ayudado, la deberíamos de buscar de Dios y no de la otra persona. ***Recuerda que cualquier buen trabajo que hayamos hecho, nunca será en vano. Se nos recompensará de una forma u otra.***

# 38. Disminuye tu colección de cosas materiales

Disminuye tu colección de posesiones y lujos materiales al mínimo y deja solamente los que sean necesarios para tu supervivencia y confort básico. Normalmente se observa que conservamos muchas más cosas de las que en verdad necesitamos.

*La acumulación innecesaria de cosas trae tensión y desdicha.*

Existe una tendencia de acumular y coleccionar cada vez más y más cosas, ya sea que las necesites o no, esto, eventualmente te traerá mayor ansiedad, tensión y disipará tu energía al tener que asegurar su cuidado y su mantenimiento regular, sin contar el espacio que se desperdicia al guardar tantas cosas.

La razón para acumular y coleccionar cada vez más y más objetos, es que empezamos a desarrollar un apego y dependencia a las cosas y lujos materiales, olvidándonos que éstas son solamente medios temporales para conseguir algo mucho mayor. No importa lo acostumbrados que estemos a ellas, no pueden ser parte de nosotros. Son perecederas y temporales ya que ésta es su propia naturaleza y están destinadas eventualmente, a dejarnos. Entre más nos atemos a ellas, más decepcionados y tristes nos sentiremos cuando las perdamos. Así que antes de que nos empiecen a dar problemas, es mejor alejarnos de ellas y liberarnos. Intenta tener la menor cantidad de posesiones materiales, solamente las necesarias para tu supervivencia y confort y resiste cualquier tentación para acumular cosas innecesarias.

# 39. Los problemas son parte integral de la vida

La mayoría de las personas piensan que cuando se terminen todos sus problemas empezarán a desarrollar sus planes de vida. Pero recuerda que ***los problemas son una parte integral de la vida. Nunca terminarán. Un problema se irá y otro vendrá.*** Ésta es la naturaleza de la vida. Así fue dise-

ñada, te enfrentarás a muchos problemas y aprenderás sus diferentes lecciones de manera que crezcas aún más. Esto no es solamente para ti, sino para todo el mundo. Nadie está exento de problemas.

Por lo tanto, no dejes que las dificultades interfieran en el proceso de tu desarrollo. Sin importar el estado lamentable en el que te encuentres, continúa desarrollándote en diferentes aspectos. Esto es debido a que no importa cuáles sean tus problemas, algunas puertas siempre permanecerán abiertas para tu continuo crecimiento. ***Nunca se le cierran todas las puertas a una persona, sin importar que tan malvada sea.***

También recuerda que ***no existe ningún problema en el mundo que sea más grande que la fuerza de tu mente y que no pueda ser resuelto.*** Es una experiencia general de la vida que cuando llegan los problemas, junto con ellos llega también la solución. ***Nunca se nos mandan más problemas de los que podamos resolver.*** Si nos abrimos hacia nuestro Padre (Dios) para recibir su orientación, encontraremos una solución razonable para cada problema mucho más rápido.

Es muy inmaduro pensar o imaginar que esta vida debería ser muy confortable y que ningún problema debería llegar a ella. ***Da por sentado que siempre habrá altas y bajas y cosas inesperadas en la vida. Tienes que estar preparado para cualquier cosa que pueda pasar.*** Así es la ley. Así que, deberíamos aprender a vivir con los problemas con gracia. ***Si aprendemos a darle la bienvenida a los problemas, eventualmente perderán su poder sobre nosotros y entonces nos volveremos sus amos en vez de sus esclavos.***

***También te deberías de dar cuenta que comparados con las comodidades que nos da Dios, los problemas no son nada.*** Mientras disfrutamos los lujos y los placeres de la vida, nunca le agradecemos a Dios, ni nos cuestionamos el por qué tenemos tanto bienestar, pero, cuando surgen los problemas o dolores, nos perturbamos demasiado. ¿No es esto verdad? Si empezamos a hacer lo primero, el poder de lo segundo se reducirá. ***Deberíamos de adoptar la costumbre de ser agradecidos con Dios por todas las cosas, pequeñas o grandes, que Él nos da.***

---

***Nota:*** Para conocer la filosofía y las leyes Divinas que gobiernan los problemas y las limitaciones en la vida, por favor, lean el artículo "Problemas y limitaciones en la vida" que se encuentra en mi libro *Controla tu mente y dile adiós al estrés.*

# 40. Dale al mundo más de lo que le quitas

Mientras vives en la tierra, has tenido y estás teniendo muchas cosas y beneficios para tu familia, que vienen de tus antepasados, sociedad, país, mundo y de la naturaleza (aire y agua de la madre tierra y luz del sol). ***Tu vida en el planeta se considerará digna solamente cuando le puedas regresar más de lo que recibes de él.*** Si te estás alimentado constantemente de la sociedad como un parásito, sin contribuirl en

nada, entonces, serás considerado una carga para este planeta. Le puedes dar algo a la sociedad de diferentes maneras: al compartir tu conocimiento y experiencia o haciendo algún trabajo práctico basado en tus estudios e inteligencia, lo cual te llevará a hacer una mejora a la sociedad y al mundo en general.

# 41. Mantente por encima de las limitaciones de la vida

Puedes tener ciertas limitaciones en tu vida, que probablemente estén bloqueando el progreso que deseas. Date cuenta de que todas estas limitaciones están contigo de acuerdo a la ley del karma o a la ley del destino. La culpa no es de nadie excepto tuya, debido a tus karmas del pasado. ***Así que no tiene caso que maldigas a Dios, a los demás o a ti mismo.***

También es verdad que muchas de estas limitaciones no se pueden eliminar de un día para otro, esto quiere decir que tendrás que vivir con ellas, ***pero recuerda, en cualquier condición/limitación que te encuentres, siempre puedes hacer algunos cambios. Estos cambios pavimentarán el camino para lograr cambios mayores. No todas las puertas se le cierran a una persona. A todos se nos da una oportunidad para crecer más y podernos salir del círculo vicioso de la ley del karma, sin importar lo mala que haya sido la persona. Nadie está condenado al infierno eterno.***

Así que, según tus esfuerzos, determinación y aplicación del poder de tu libre albedrío, podrás frustrar gradualmente las fuerzas de tu destino e ir más allá de él. ***Al llegar a esta etapa, el destino no te mueve, en vez de eso, tú decides tu destino y la trayectoria de tu vida. Con tus esfuerzos, poder de voluntad y determinación, no solamente podrás modificar tu destino, sino que también lo podrás frustrar por completo.*** Si tienes un deseo muy grande, una enorme fuerza de voluntad y estás trabajando para una causa correcta, entonces no habrá ninguna fuerza en la tierra o en el cielo que te puedan impedir el éxito. Todas las fuerzas del Universo te apoyarán en tu misión.

# 42. Regula tu dieta para el bienestar mental

Tu dieta tiene una influencia considerable en tu mente. Los alimentos como el té, el café, el alcohol, las drogas, el cigarro, el chocolate, los productos fritos, el chile, las especias, los dulces, los alimentos demasiado calientes o demasiado fríos, etc., tienen efectos ya sea estimulantes o depresivos en la mente y perturban su equilibrio. De forma similar, el comer de más o el comer algo aquí y allá en intervalos irregulares no conducen a una buena salud física y mental. ***Uno de los secretos para conservar una buena salud es permanecer siempre con un poco de hambre.*** Toma suficiente agua, ve-

getales y frutas para conservar tu sistema limpio y mantener tu mente pura. Los ayunos ocasionales son buenos para tu salud y para aumentar el control de la mente. Y por último, nunca comas deprisa o cuando estés tenso. En este estado mental, no se digiere correctamente la comida y prácticamente se convierte en veneno. Así que, siempre come con una mente relajada. Si esto no es posible, entonces sáltate la comida.

# 43. Haz ejercicio regularmente

El estirarse con frecuencia y hacer ejercicios aeróbicos liberan bolsas de tensión y músculos tirantes y de esta manera estos se relajan. ***Esta relajación física a la larga lleva a una relajación mental ya que la mente y el cuerpo están estrechamente entrelazados.*** Los ejercicios aeróbicos involucran movimientos rápidos y también fortalecen tus pulmones y al corazón y aumentan tu energía y tu poder de resistencia. Por

lo tanto, realiza una rutina diaria de ejercicios físicos, correr y *yogasanas.* Los ejercicios de respiración o *pranayama* también son benéficos para que tu mente esté calmada, serena y balanceada.

# 44. Incluye etapas de descanso y relajación en tu rutina

Tu actividad diaria deberá estar balanceada con intervalos regulares de relajación. Si este balance es perturbado, tu rendimiento se verá afectado y aunque aumentes tus horas de trabajo, tendrás menos productividad. En la relajación, tienes que relajar tanto tu cuerpo como tu mente. La relajación física se obtiene colocando tu cuerpo de manera horizontal, en *savasana,* en el piso o en una cama firme después

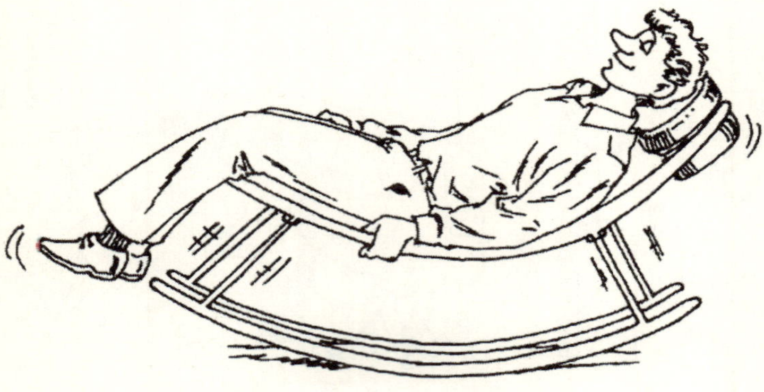

de haber sacudido y estirado un poco cada parte del cuerpo. La relajación mental se obtiene enfocando la mente en algún objeto o estímulo, por ejemplo, en la respiración o en algún *mantra* etc. Esto te ayudará a dejar quietos miles de

---

***Nota:*** Para tener un mayor conocimiento sobre técnicas de relajación, por favor revise el capítulo sobre "estrés" de mi libro *Controla tu mente y dile adiós al estrés.*

pensamientos que pasan por tu mente a cada minuto. Si te relajas verdaderamente, te olvidarás por completo de tu cuerpo y de tu alrededor.

Mediante esta relajación consciente, hecha en intervalos frecuentes a lo largo de tus actividades, te recargarás con nueva energía para trabajar.

# 45. Mejora la calidad de tu sueño

También es muy importante cómo te quedas dormido en la noche y la calidad de tu sueño. Si permites que tu mente ande alocada y que deambule sin rumbo fijo, de aquí para allá, antes de irse a dormir, no lograrás tener una buena calidad del sueño. Te verás envuelto en todo tipo de pesadillas horribles en las cuales llorarás, gritarás, patearás, saltarás, golpearás y te despertarás por la mañana sintiéndote inquieto y cansado, en vez de levantarte lleno de vitalidad y frescura. Para un buen sueño, es muy importante cómo pa-

*Estilos de vida irregulares y una mente perturbada justo antes de dormir, podrían dar como resultado tener pesadillas, en vez de tener un sueño reparador y profundo.*

ses la última hora justo antes de irte a dormir. Una excelente idea es que leas un buen libro que eleve tu mente o que fijes tus pensamientos en alguna cosa neutral (como la respiración, el decir algún mantra, contar números etc.), en vez de permitir que tu mente deambule sin sentido. También puedes hacer algo de introspección y darte las necesarias auto sugerencias para mejorar. Justo antes de dormir, estas ideas son bien aceptadas por tu mente subconsciente.

El estilo de vida que llevas también afecta la calidad de tu sueño. Por ejemplo, la comida y el estilo de vida *Satwik* te brindarán una buena calidad en el sueño, mientras que los estilos de vida *Rajasik* y *Tamsik* te darán pesadillas.

La postura mientras duermes, el ancho de tu almohada, el grosor y tipo de colchón. Todas estas cosas también son importantes para la calidad del sueño, inclusive hacia dónde está dirigido tu cuerpo. Por ejemplo, no se recomienda dormir con la cabeza en el lado norte ya que esto crea una mala alineación entre tu energía y la energía magnética de la Tierra.

# 46. Elimina las enfermedades de tu cuerpo

El cuerpo es una máquina física y está sujeta a todo tipo de dolores, afecciones y enfermedades, dependiendo de qué tanto lo cuidas y de muchos otros factores.

Además de diferentes medios físicos para aliviar el dolor, también podemos usar el poder de la mente para eliminarlo porque **el cuerpo está bajo el control directo de la mente. Podemos quitar la sensibilidad al dolor separando nuestra mente del cuerpo,** enfocándonos en alguna cosa neutral, por ejemplo, la respiración, algún mantra o algún objeto concreto (como se hace en ciertas formas de meditación).

También podemos reducir el dolor concentrando nuestra mente hacia adentro (ojos cerrados), al lugar en donde nos duele, y de este modo aumentar el flujo de *prana justo* ahí. Este efecto se podrá incrementar combinando la autosugestión y la visualización de la desaparición del dolor de esa parte del cuerpo.

Entre los tratamientos con métodos físicos para aliviar el dolor, se le deberá dar preferencia a los métodos naturales de curación que incluyen la hidroterapia, yoga, ayuno, terapia de lodo, masaje, acupuntura, helioterapia, dieta, terapia del color, etc. Las medicinas alópatas deberán tomarse solamente para tratar enfermedades serias y peligrosas y no para una cura permanente.

# 47. Elimina tu miedo a la muerte

La muerte es un fenómeno inherente a la vida y cualquier cosa que se refiera a las leyes naturales no puede ser ni doloroso, ni provocarnos temor, excepto cuando nosotros lo hacemos así, por nuestro estilo de vida defectuoso y por nuestros pensamientos negativos. Un gran escritor, Swift acuñó lo siguiente:

"Es imposible que algo tan natural, necesario y universal como la muerte, fuera diseñado por la Providencia como algo maligno para la humanidad."

La muerte es sólo la transición entre una vida y otra, un tiempo para descansar y auto evaluarse entre dos vidas. ***Después de morir eres exactamente igual que como lo eras antes, excepto que no tienes un cuerpo físico y vives en el mundo astral, con un cuerpo astral, el cual tiene un ritmo vibratorio diferente al del mundo físico.*** Tus actitudes

mentales y la personalidad permanecen igual después de la muerte. No te conviertes en un ser superior o en Dios después de ella.

La muerte también se puede comparar con estar dormido, la diferencia es que cuando estás dormido y despiertas, tienes el mismo cuerpo, mientras que en la muerte despiertas con un cuerpo diferente (cuerpo astral).

## 48. Toma la iniciativa para hacer las cosas correctas

La mayoría de las personas simplemente se la pasan acusando al Gobierno/personas por los diferentes disturbios y problemas en la sociedad, pero difícilmente hacen algo para que se resuelvan estas revueltas. El simple hecho de acusar a otros no ayuda en nada, ya que siempre habrá personas sin escrúpulos a las que no les importe y serán corruptas en su trabajo. Pero una vez que tomemos la iniciativa, nos acerquemos y les escribamos a ellos y a sus superiores, a lo mejor surge definitivamente alguna solución aún cuando no sea de nuestra total satisfacción.

Algunas personas no entienden por qué tendrían que tomar la iniciativa para resolver problemas comunes de la sociedad. Este enfoque es bastante cerrado, al querer hacer algo solamente si se ven beneficiados de forma directa. Expande tu mente y tu conciencia para pensar en el provecho que todos pueden obtener. Después de todo, si la sociedad entera se beneficia, tú también ganas.

Así que no esperes a que los demás empiecen. Si encuentras algún problema o falta de atención por parte de las autoridades a tu alrededor, toma la iniciativa y contáctalos directamente. A lo mejor esto involucra tu tiempo y dinero personal, pero al ver los beneficios a largo plazo, verás que valió la pena hacer el esfuerzo. ***Como un ciudadano iluminado, deberás alzar la voz contra los diferentes problemas e injusticias. Es tu deber, así como tu derecho.***

# 49. Cambia primero tú para después cambiar al mundo

El mundo o la sociedad está conformado por todo tipo de personas. Cada quien tiene un lugar en el mundo que es único e irrepetible y deja una huella o una marca definitiva en donde viva o trabaje. El mundo o la soc edad es necesariamente alterado por ellos, ya que cada uno contribuye para hacer de la sociedad o del mundo lo que actualmente es.

Por lo tanto, si cada individuo hace su parte para cambiar él mismo y su alrededor, será mucho más fácil transformar al mundo entero. ***Así que, si tenemos un deseo profundo de cambiar el mundo, lo primero que tenemos que hacer es empezar a cambiar nosotros mismos.*** El acusar a los demás, o responsabilizar a la sociedad no te ayudará en nada.

*Sólo cuando eres feliz puedes crear felicidad en en mundo que te rodea.*

Es una declaración irresponsable el decir, "A menos de que los demás cambien, el que yo solamente lo haga, no ayudará." Los demás podrán seguir tu ejemplo después de que hayas iniciado el proceso. ***Tu transformación seguramente hará una diferencia en el mundo, sin importar lo pequeño que pueda parecer en proporción.*** Una vez que empieces a cambiar, te darás cuenta de que las personas y el ambiente a tu alrededor también empezarán a modificarse automáticamente por inducción.

Pero recuerda, no es tu meta transformar al mundo. Tu meta es simplemente cambiarte a ti mismo. El cambio en el mundo sucederá mediante el tuyo. No hay una manera directa de cambiarlo. Es básicamente un suceso y no un hecho. En otras palabras, podemos decir que ***la única contribución que podemos hacer para cambiar al mundo, es cambiar nosotros mismos.***

# 50. No tomes venganza de lo malo que te hacen los demás

Si alguien te hace algo malo, tu reacción inmediata será vengarte y hacerle más daño a esta persona. Pero la espiritualidad no sólo nos enseña a desarrollar la actitud del perdón y a no tomar venganza, sino también a ignorar y disculpar las fallas de los demás. Se dice que ***la venganza es un juego***

*Jesús enseñó el perdón.*

***en el que los jugadores llegan a morir, pero el juego nunca termina.*** Vale la pena dar un ejemplo de Jesucristo a este respecto. Él le pidió a Dios que perdonara a aquellos que fueron responsables por su crucifixión.

El perdón es un bálsamo tranquilizador para tu corazón en llamas e inmediatamente te hace libre y ligero. No importa que la otra persona merezca o no el perdón, pero por lo menos tú mereces la libertad de tu mente. La carga del odio y de la malicia que llevas contigo, al no perdonar a alguien, te hace mucho más daño que la misma persona que te lastimó.

Perdonar significa olvidar completamente y dejar de pensar en el asunto para siempre. Si dices que puedes perdonar, pero no olvidar, significa que no has perdonado y simplemente has suprimido la situación debajo de tu mente consciente.

# 51. Evita la sospecha y la duda, ten fe

No tengas siempre una actitud de sospecha y duda acerca de los demás. ***No empieces con la predisposición en tu mente de que la otra persona te está engañando y que definitivamente te decepcionará y destrozará.*** Hay una frase que dice "Es mejor ser decepcionado que desconfiar de la persona".

Por lo tanto, ten fe. En el caso de que alguien te engañe, él se está engañando primero a sí mismo. De acuerdo a la ley de karma, él está sufriendo mucho más por este acto que el daño que te causa a ti. Cualquier persona que te haga algo bueno o malo, automáticamente disfrutará o sufrirá de acuerdo a las leyes divinas. ¿Por qué te molestas con esto? ***Ninguna persona se puede escapar de sus actos malignos, sin importar que éstos hayan sido hecho bajos el mar o sobre el cielo.***

# 52. Sé honesto, sincero y recto en tus acciones

Recuerda esta ley divina que dice: ***La verdad no puede caer y lo falso nunca podrá levantarse.*** Podrás estar enamorado temporalmente del *glamour* de lo falso y lo deshonesto, ***pero, a la larga, sólo la verdad prevalecerá y ganará. El barco de la sinceridad se podrá sacudir debido a las pruebas de la vida, pero nunca se hundirá.***

Cualquier acción mala, hecha bajo la influencia de la falsedad, deshonestidad o el engaño tiene sus reacciones adversas e inevitables sobre la persona que las originó. ***Los resultados de nuestras acciones se podrán retrasar, pero nunca se olvidarán. Hay una recompensa inevitable para las buenas acciones y un castigo inminente para las malas.***

Sé de la misma manera por dentro que por fuera, es decir, ***tus pensamientos, palabras y actos deberán mostrar semejanza entre ellos. Ésta es la verdadera prueba de una per-***

***sona recta.*** Pero normalmente se ve en nuestros días que las personas tienen dos caras. Una es real y la otra es ficticia, la primera es la verdadera, pero la segunda es la máscara falsa que utilizan con los demás. De manera que su interior y su exterior son diferentes.

***La verdad no se puede esconder. Tiene una fuerza que no descansa hasta ser revelada.*** Cualquier acto honesto que tú hagas es apoyado por Dios.

# 53. Hay ventajas y desventajas en todo

La definición del mundo dice que en la naturaleza todo es doble, esto significa que todo está hecho de dos aspectos opuestos, por ejemplo, día-noche, vida-muerte, verano-invierno, femenino-masculino, joven-viejo, placer-dolor, alegría-tristeza y unión-separación.

***Estos dos aspectos no se pueden separar uno de otro. Son innatos en la naturaleza de las cosas materiales. Son las dos caras de la misma moneda.***

De esto se concluye que cualquier cosa que te dé placer también te dará dolor. Cualquier persona o cosa que se asocie contigo, deberá separarse o dejarte en algún momento. Si has tenido una ganancia o algún beneficio de algo, también sufrirás su pérdida tarde o temprano. Si tienes ciertas ventajas de algo, tendrás también ciertas desventajas. Por ejemplo, cuando te casas, obtienes diversos placeres y ventajas, pero también obtienes inconvenientes, como el haber aumentado tu nivel de responsabilidad. De manera similar, puedes tener una casa en determinado lugar. Tienes ciertas ventajas con esto, pero también experimentarás cierta ansiedad y tensión asociada a ella. Esto es lo mismo con todo. ***Algunas veces las personas ven solamente un aspecto de las cosas y llegan a la conclusión de que es muy buena o muy mala. Pero en verdad, están olvidando ver el otro aspecto. Es por eso que se dice que lo que se ve no siempre es la realidad.***

A la ley arriba mencionada también se le conoce como la ley del Balance Divino. Así que de acuerdo a esta ley, si no quieres dolores y malestares en tu vida, deberás también abandonar tus deseos de placeres y lujos. ***Si no quieres insultos, deberás abandonar también el deseo de alabanza.***

Al darte cuenta de esto, disminuyen tus intereses en placeres terrenales y deseos materiales. ***La mejor manera de que la naturaleza dual del mundo no nos afecte es manejando las cosas materiales y los incidentes con una perspectiva de desapego, como si fueras un simple espectador, es decir, que no te pongas eufórico con el éxito, ni sufras terriblemente por el fracaso. Permanece imparcial en la ganancia/pérdida, éxito/fracaso, alabanza/insulto.*** Una vez que hayas alcanzado este nivel mental, quedarás libre de las muletas de la dualidad.

***La felicidad o el éxtasis eterno, el cual está libre de cualquier aspecto opuesto, viene desde adentro, desde lo más recóndito de tu ser interior (alma).*** Esto es por lo que deberíamos luchar utilizando la meditación y otras prácticas de yoga.

# 54. Depende solamente de Dios para que te ayude

Para cualquier ayuda que necesites, depende solamente de Dios. Él es el único que puede proveerte de una ayuda real y duradera. ***Para que seas un candidato a recibir este apoyo, el único requisito es que deberás sentirte conectado mentalmente con Dios y tener una fe total en Su benevolencia y protección.*** Dios podrá escoger cualquier medio físico para ayudarte. Así que deberás ver solamente inspiración de Dios en el pago que te están dando tus parientes, vecinos o amigos.

*Siempre recuerda a Dios.*

***Nunca deberás sentirte solo en el mundo. Tú tienes a tu disposición el poder infinito de tu propia alma y de tu padre Dios –solamente está esperando que le llames.***

# 55. Considera a tus hijos como hijos de Dios

Tus hijos son tanto hijos de Dios como tuyos, y llevan la misma relación con Dios. ***Tus hijos también son directamente responsables de Dios y no es que lo sean a través de ti. Tú simplemente eres la persona que los cuida por un cierto tiempo, pero eres el controlador de su destino.*** Ellos tienen su destino independiente y su relación contigo es solamente temporal. Tú dejarás este mundo después de algún tiempo, así que su relación permanente y duradera será con Dios, que es el único que les puede dar una protección real. ***La responsabilidad de Dios hacia tus hijos es muchísimo mayor que tu responsabilidad hacia ellos.***

Con este conocimiento en la mente, deberías criar a tus hijos como sirvientes de Dios, dejando los lazos emocionales innecesarios y apegos ilusorios.

# 56. Escoge colores apropiados

Ha sido comprobado por la Ciencia Médica y por los practicantes de remedios naturales, que los colores tienen un profundo efecto sobre el cuerpo y la mente. De hecho, la "Terapia de Color" ha surgido como una técnica de curación separada, tanto para el cuerpo como para la mente. En esto, los siete colores de la luz del sol (VIBGYOR) son utilizados para curar. Cada uno de ellos tiene un efecto diferente sobre el cuerpo y la mente. Por ejemplo, el color azul, el violeta y el índigo le dan a la mente un efecto refrescante. El color verde da un efecto de balance. El rojo, el naranja y el amarillo le dan efectos estimulantes a la mente aburrida y la llenan de amor, entusiasmo y vitalidad. El blanco es una mezcla de los siete colores y se asocia con la pureza y la espiritualidad. Ésta es la razón por la que se utiliza frecuentemente en rituales y ceremonias religiosas. También es el motivo por el

*Los siete colores de la luz del sol tienen diferentes efectos rejuvenecedores sobre nuestros cuerpos y mentes.*

que es bastante agradable sentarse bajo la luz del sol, que es una mezcla de los siete colores.

El color negro es la ausencia de todos los colores e indica odio y malicia. Vuelve a la mente aburrida, floja y llena de inercia. El café oscuro y el gris indican egoísmo. Por lo tanto, estos colores nunca deberán ser utilizados. De hecho, los tonos oscuros de todos los colores buenos (VIBGYOR) mencionados anteriormente, también deberán de ser evitados ya que lo oscuro indica una transición hacia el color negro. Teniendo esto en mente, escoge los colores apropiados para tus habitaciones, cortinas, muebles, puertas, ventanas y para tu ropa.

# 57. Mantén una buena postura

Tu postura tiene un gran efecto sobre tu estado de ánimo y sobre tus actitudes mentales. Conserva una buena postura mientras estás parado, sentado, acostado y mientras caminas. Esto ayudará a mantener tu cuerpo y tu mente activos, audaces y seguros. Andar encorvado, suelto y con posturas raras, teniendo inclinaciones inusuales y curvaturas en tu espina dorsal, perturban la alineación del organismo. Esto no solamente afecta a tu cuerpo, sino que también disminuye la confianza de tu mente y la vuelve aburrida y floja debido a la gran interrelación que hay entre el cuerpo y la mente.

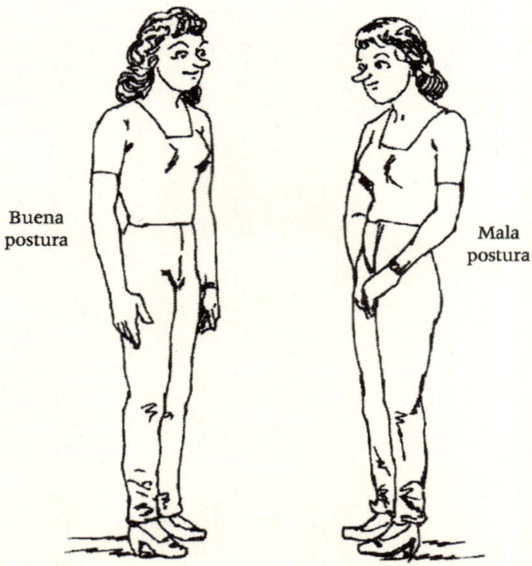

# 58. Escucha música buena y relajante

Los sonidos tienen un gran impacto sobre tu mente. Una mente distraída e inquieta puede ser centrada, fácilmente, al escuchar música y canciones buenas y melodiosas. Los diferentes efectos del sonido se deben a los distintos tipos de vibraciones. Cada palabra o, de hecho, cada letra de una

*El efecto de la música sobre la mente y el cuerpo está siendo explorado con sumo interés por la ciencia moderna.*

palabra que pronunciamos, emite diferentes tipos de vibraciones en la atmósfera. De manera similar el tono en el cual pronunciamos una palabra también afecta la calidad de la vibración. Similarmente, los diferentes tipos de música que acompañan a las canciones también dejan diferentes vibraciones, dependiendo de su calidad.

Viendo los efectos de los diferentes tipos de sonido y música sobre nuestro cuerpo y mente, nuestros textos yogicos han clasificado varios sonidos en tres categorías:

**Sonidos *Satwik*** – Estos sonidos dan alegría interior y elevan y calman a la mente tensa y distraída. Las canciones devotas, *bhajans*, la música clásica, las canciones melodiosas de las películas antiguas, los sonidos de la naturaleza (el gorjeo de los pájaros, la brisa que se mueve, la cascada, el agua de los ríos, la lluvia, las ramas que se mueven de los árboles etc.) entran dentro de esta categoría.

**Sonidos *Rajasik*** – Estos sonidos estimulan y excitan a la mente y la inquietan. La música Pop y la mayoría de las canciones rápidas que utiliza el cine moderno entran dentro de esta categoría.

**Sonidos *Tamsik*** – Estos sonidos vuelven a la mente aburrida y somnolienta. Estás perfectamente al tanto de cuál música y de cuáles canciones te aburren y te dan sueño.

Por lo tanto, cultiva el hábito de escuchar buena música para mantener tu mente elevada. La música se utiliza también en nuestros días como parte de varias terapias.

# 59. Siempre que tengas oportunidad, acércate a la naturaleza

Cada vez que tengas un rato de ocio, en vez de desperdiciar tu tiempo holgazaneando por aquí y por allá y vagar por los supermercados, ve a un lugar en donde te encuentres cerca de la naturaleza, como los jardines, los bosques, las montañas, los ríos, los lagos, etc. Respira aire fresco bajo el cielo abierto, escucha el gorjeo de los pájaros y el sonido de la brisa que pasa. Deja que tu cuerpo reciba los rayos curativos del sol. Esto refrescará y elevará muchísimo tu mente.

# 60. Conserva tu entorno limpio y en orden

A lo mejor has escuchado esta cita: "**La limpieza va de la mano de Dios". La limpieza en tu ambiente tiene un gran efecto sobre tu estado mental.**

Mantén tu ambiente de trabajo y tu hogar totalmente limpio y ordenado. No dejes que se acumule la mugre por aquí y por allá. Asegúrate de que el drenaje y el sistema de coladeras estén en perfecto estado. Que no haya ninguna acumulación de agua en el sistema. Cuando encuentres alguna falla, asegúrate de poner una queja con las autoridades pertinentes.

No dejes que las cosas en tu casa u oficina estén desordenadas por todos lados. Cada objeto deberá regresar a su lugar correcto inmediatamente después de haberlos utiliza-

do. Todas las cosas deberán tener un lugar asignado para su almacenamiento.

La limpieza externa de tu cuerpo y de tu ropa también es esencial. Mantener tu boca, nariz, ojos y cara frecuentemente limpios, después de haber comido o después de haber regresado de la calle, son esfuerzos en la misma dirección.

Instala aromatizantes para el ambiente en toda tu casa, si es que fuera necesario, y utiliza *agarbattis* para purificar el aire de vez en cuando.

## 61. La temperatura, la humedad, la contaminación y el ruido afectan tu mente

Existe un nivel óptimo de temperatura, humedad y sonido con los que el cuerpo y la mente funcionan mejor. Por ejemplo, la temperatura óptima es de 20-25° C, para la humedad es de 45-50% (humedad relativa), el nivel confortable de sonido es de 45 decibeles. Las variaciones de estos niveles óptimos afectan el balance del cuerpo y de la mente y reducen su eficiencia. Por lo tanto, debemos de tratar de pasar la mayor parte del día bajo los niveles óptimos de los anteriores parámetros.

La contaminación atmosférica también tiene un efecto adverso en nuestras mentes. El monóxido de carbono en el

*El sonido fuerte daña al cuerpo y a la mente tal y como lo hacen otras fuentes de contaminación.*

aire contaminado reduce la habilidad del cuerpo para extraer la cantidad apropiada de oxígeno. La deficiencia de oxígeno en la sangre afecta las funciones del cerebro y, por lo tanto, afecta a la mente. Otros químicos en el aire contaminado también tienen efectos negativos en el cuerpo y en la mente.

# 62. Coloca fotografías y pinturas hermosas

Lo que vemos (estímulos visuales) tiene un gran efecto sobre nuestra mente y afecta nuestra psique positiva o negativamente de acuerdo a su naturaleza. Si colgamos ciertas pinturas y fotografías en las paredes de nuestra casa y oficina, y éstas tienen un efecto elevado sobre la mente, serán de mucho beneficio para nosotros. Fotografías de personas iluminadas y grandiosas, pinturas con escenarios naturales, con lugares espirituales/religiosos y templos/iglesias/mezquitas/*gurudwaras*, etc..., son excelentes en este aspecto.

Cabe mencionar que el efecto de una fotografía es mucho mayor que el de una pintura hecha a mano, porque la fotografía se dice que posee el contenido vibratorio real de la persona/lugar. Ese tipo de imágenes, como lo mencionamos anteriormente entran dentro de la categoría *Satwik*.

Por otro lado, las pinturas *Rajasik* y *Tamasik* son bastante dañinas para la mente. Todas las escenas glamorosas que vemos en la vida moderna, entran dentro de la categoría *Rajasik*. En vez de calmar la mente, la vuelven distraída y confusa. El escenario *Tamasik*, por otro lado, aburre a la mente y la vuelve depresiva y letárgica.

# 63. Tira la basura regularmente

Durante mucho tiempo hemos ido acumulando grandes cantidades de basura, ya sea en nuestro hogar o en nuestro lugar de trabajo, que ya no necesitamos. Ya no obtenemos nada de ella y tenerla sólo nos quita energía. Debemos cultivar el hábito de deshacernos constantemente de los materiales de deshecho viejos para hacer lugar a nuevas cosas. Ya sea que vendas lo que ya no necesites o que lo dones a los necesitados. No vale la pena presionarnos debido al cuidado y al mantenimiento de tantas cosas innecesarias.

Una excelente técnica para prevenir que tu casa se convierta en un lugar lleno de chatarra es que, cada vez que compres algo nuevo, te deshagas de algo viejo. Esta fórmula de "***uno dentro y uno fuera***" te ayudará siempre a mantener tu casa limpia y ordenada, lo que a su vez, te mantendrá ligero y evitará que frunzas las cejas cada vez que veas basura en tu hogar. Otra alternativa es fijar una fecha, una vez al mes, y marcarla en el calendario como "el día de eliminación de basura", durante el cual cada miembro de la familia buscará entre sus pertenencias, cajones, cuartos y su alrededor, las cosas que ya no sirven y las colocarás en un lugar común en donde se puedan tirar.

# 64. Añade humor y risa en tu rutina

El humor en tu vida juega un papel muy importante para abrir los diferentes bloqueos sicológicos de tu mente, ya que ésta se volverá más abierta y fresca y se liberará de la oscuridad en donde estaba, mediante una gran carcajada. Una buena risa descongestiona completamente tu cerebro y aumenta su flujo de sangre para alimentar las áreas que lo necesitan. Por lo tanto, introduce algo de humor y que haga reír deliberadamente en tu rutina.

Las investigaciones médicas han comprobado que mientras la persona se ríe, el cuerpo fabrica más cantidad de "endorfinas" las cuales son el analgésico natural del cuerpo y tienen un efecto como el de la morfina. De esta forma, la risa ayuda a sanar, además de los beneficios sicológicos que obtiene, como la eliminación de la depresión, la tristeza, preocupación, nervios y desesperación. Después de una buena carcajada, invariablemente te sentirás más ligero y fresco.

Si se te hace difícil reírte de forma natural, entonces lee algunos chistes, ve una serie de comedia en la televisión, o una película cómica, escucha poesía divertida, lee historias chistosas. Tal vez puedas hacer una rutina con tu familia en la que se turnen para decir un chiste al día, mientras están cenando.

# 65. No estés ansioso por conocer tu futuro

Muchas personas desperdician su tiempo consultando a numerólogos, astrólogos, personas que leen la mano etc., para saber exactamente lo que les depara el futuro. En esta conexión, toma nota de estos dos puntos. El primero es que tu destino o futuro no es algo fijo. Ningún adivino te podrá decir con seguridad que todo lo que te está diciendo será verdad al cien por ciento. A lo mejor podrá adivinar algunas probabilidades. Esto es porque tu futuro o destino es alterable, hasta cierto punto, dependiendo de diversos factores. ***Hay personas que han cambiado sus destinos por completo, mediante sus esfuerzos presentes, y que han obtenido un destino completamente nuevo. En otras palabras, tomaron el control de su destino en sus propias manos.***

El segundo, aunque creas en un futuro predeterminado, ¿qué conseguirás al saber lo que te depara el futuro si no lo puedes cambiar? Simplemente harás tu vida miserable y le agregarás ansiedad y tensión innecesaria porque ***es seguro que todo en el futuro no sucederá como tú quieres. Algunas adversidades serán inevitables, no solamente para ti, sino para todo el mudo, porque así es la vida, una mezcla de placer y dolor.*** De hecho, mediante la constante ansiedad y temor sobre alguna cosa que creemos que pasará, hacemos que efectivamente suceda, como una profecía, mediante la ley de la atracción física, aún cuando no estaba destinada a pasar.

El acercamiento correcto hacia la vida consiste en que simplemente te enfrentes con una mentalidad positiva y audaz a lo que surja en el camino de la vida. Deberás afirmar que "***Dios ha ordenado todo para mi bien, y con su ayuda y la fuerza de mi mente podré vencer cualquier obstáculo en mi camino, sin importar de qué se trate".***

# 66. Checa tus deseos y necesidades de placer sensual

***Los deseos materiales y los placeres sensuales no tienen un límite. Entre más disfrutas, más lo deseas.*** Un deseo satisfecho aumenta otros deseos y de esta manera la cadena se vuelve interminable. Limita tus deseos a tus necesidades y comodidades básicas y, en consecuencia, no vayas tras de los lujos y añadadas deseo tras deseo. ***Los placeres obtenidos mediante la gratificación de los deseos materiales y el placer sensual, duran muy poco y están mezclados con dolor.*** No dan una satisfacción permanente. Por lo tanto, deberíamos de jalar bien la rienda a nuestros deseos ilimitados, así como a nuestros anhelos de placeres sensuales. Nuestra mente y nuestros sentidos, cuando están bajo el control de la naturaleza más baja, siempre quieren ser tentados con placeres y emociones momentáneas. Tenemos que superar las presiones de baja naturaleza para despertar a nuestra naturaleza

elevada. No hemos venido a este mundo para disfrutar estos placeres inferiores. Tenemos derecho a un tipo de alegría mucho mayor, la cual es más estable y satisfactoria que estos placeres momentáneos. El conocimiento adecuado de las leyes de la vida y su aplicación a la vida práctica, nos da acceso a ese tesoro de alegría infinita.

Aquí deberíamos de considerar que cuando decimos "placeres sensuales", nos referimos solamente a "placeres sensuales *Rajasik* y *Tomasik*" y no al "placer sensual Satwik". Por ejemplo, cuando estás disfrutando de los rayos del sol en un frío día de invierno, también experimentas un placer sensual, pero es del tipo "*Satwik*", el cual se fomenta más.

De manera similar, es importante que esté bien entendida la diferencia entre deseos y necesidades. Éstas últimas están relacionadas a tu supervivencia y requerimientos básicos, mientras que la palabra "deseo" en yoga, es utilizada para indicar la tendencia a correr tras los placeres sensuales *Rajasik/Tomasik* y los placeres basados en el ego (renombre, fama, poder, estatus). Por otro lado, el deseo de crecimiento, el deseo de saber las verdades de la vida, son positivos y son bastante diferentes a los deseos materiales antes mencionados.

---

***Nota:*** Para saber acerca de la filosofía detrás de "Deseos y Placeres" etc., por favor revisa los "artículos para elevar la mente" en mi libro *Controla tu mente y dile adiós al estrés.*

# 67. No te encapriches con la loca necesidad de tener dinero

En nuestros días se observa que las personas están enfrascadas en una loca carrera para ganar más y más dinero, sin importar los medios para conseguirlo. Se vuelve un tipo de adicción para ellos; esto significa que tienen que seguir incrementando su dinero sin importar si lo necesitan o no, y de esta manera la carrera nunca termina. Se enredan en su propia jaula y descansan sólo con su último respiro, cuando una nueva carrera empieza entre sus herederos para obtener la pila de propiedades y dinero del difunto. Aquí es cuando nos damos cuenta que éste pasó más tiempo ganando que disfrutando ese dinero.

Se dice que después de cierto límite, para lo único que sirve el dinero es para generar más riqueza y aumentar tus ansiedades. Si quieres ser feliz, recuerda este dicho que está bien comprobado: **"El dinero te puede dar todo excepto la felicidad."**

*La competencia por dinero te lleva a un círculo vicioso interminable.*

# 68. Nunca te disculpes diciendo que no tienes tiempo

Ésta es la excusa del flojo: "no tengo tiempo". Pero cuando te invitan a una fiesta en un hotel cinco estrellas o cuando te dan pases gratis para ir al cine, nunca dices "no tengo tiempo".

Hay una cita que dice: ***"El hombre más ocupado tiene el mayor tiempo libre".*** Esto significa que hasta el hombre más ocupado, si quiere hacer algo, lo puede hacer organizando bien su trabajo. Lo único que se necesita es el "deseo y la fuerza de voluntad" para hacer las cosas. Si no los tienes, aunque tengas el tiempo libre, no podrás hacerlas. Perderás el tiempo comiendo, durmiendo, chismoseando, leyendo novelas y revistas, vagabundeando en el mercado.

Por lo tanto, para llevar a cabo tus planes o para hacer algún trabajo de utilidad para los demás o para la sociedad, no pongas la excusa del tiempo. En vez de eso, haz los planes adecuados para incorporarlos a tu rutina y empieza a actuar. ***"Todos tenemos el suficiente tiempo si queremos hacer algo".***

# 69. Vive y trabaja en este mundo con el único propósito de desarrollarte constantemente

Sin importar lo que hagamos o lo que seamos, ***nuestra meta central en la vida debería ser el constante crecimiento físico, mental y espiritual. El autodesarrollo es la única cosa que permanecerá siempre con nosotros.*** Todas las demás cosas son solamente el medio para este fin y a la larga no son importantes. Todas nos dejarán una a una.

Algunas personas pasan su vida como si se estuvieran divirtiendo, haciendo cualquier cosa. Cuando no hay nada que hacer, estas personas caen en el aburrimiento y el tiempo les pesa demasiado. No tienen un crecimiento real de su personalidad.

Mientras que nuestra meta debería ser nuestro constante crecimiento, pero al mismo tiempo, los resultados de nuestros esfuerzos deberían de ser dejados en las manos de Dios. De esta manera serás libre de la tiranía del placer, del dolor y del aburrimiento. Siempre estarás lleno de una alegría divina única y crecerás más y más fuerte al desarrollar tu personalidad a cada momento.

Adicionalmente, podemos ayudar a otros y a la sociedad, solamente cuando nosotros estemos fuertes y nuestra personalidad desarrollada. ***Si somos débiles ¿qué podremos hacer por los demás?***

# 70. No desperdicies nada

Desarrolla la conciencia de no desperdiciar nada. Es especialmente deplorable en nuestro país, en donde la mayoría de las personas tienen tantas carencias. Aparte de que esto es perjudicial a la economía del país, la tendencia a desperdiciar es el signo de una conciencia estrecha y poco desarrollada.

El desperdicio puede ser de comestibles, papel, agua, electricidad, etc. Si ves en algún lado una llave de agua abierta, una luz prendida innecesariamente, desarrolla la conciencia para cerrarlas y apagarlas. Ignorar tales cosas, pensando que

esa pérdida es para la nación y no para nosotros, refleja tu limitado punto de vista. Este tipo de sentimientos sólo te traerán a ti y a tu país una gran degradación.

De igual forma, si estás desperdiciando algo en tu casa y no lo estás utilizando, dónaselo a alguien que en verdad lo necesite, en vez de dejar que se oxide y que se lo coman los insectos.

# 71. No seas susceptible a las nimiedades

Ten la mente abierta. No hagas grandes problemas de pequeñas cosas. Desarrolla el olvido y el perdón. ***El ser susceptible a las nimiedades, solamente satisface nuestro falso ego.*** No tiene ningún propósito útil. Tampoco desperdicies mucho tiempo para tomar decisiones sobre asuntos pequeños. En vez de eso, delega estos asuntos a tus subordinados para aumentar su confianza. ***No desarrolles un falso ego al pensar que el mundo funciona gracias a ti. Date cuenta que todas las personas son igual de importantes para que el mundo camine*** y todas tienen el mismo potencial que tú. No eres algo único.

# 72. La ira es un signo de debilidad

Algunas personas dicen que sin enojarse no pueden conseguir que se haga el trabajo. Pero esto no es cierto. ***Puedes hacer el trabajo con la fuerza de tu personalidad en vez de utilizar la ira. El decir algo de manera seria, debería ser suficiente para que las personas se muevan. Tus palabras y tu pensamiento por sí mismos, tienen un gran poder.*** La ira significa de manera indirecta que no eres capaz de aceptar o digerir una cosa desfavorable, y que tu mente se ha vuelto débil. Como buscador espiritual, tienes que ser capaz de enfrentar cualquier situación o persona en la vida con calma, y con la mente nivelada, sin importar lo enojado que te encuentres. Una persona te podrá entender más, si le explicas una cosa sin enojarte, pero con firmeza.

***Nota:*** Para más detalles acerca de la fisiología y la sicología de la ira, por favor lee mi libro *Cómo controlar la ira.*

# 73. No eres indispensable para el mundo

Por favor toma nota de que el mundo no gira, ni se detiene por nosotros. Ya giraba inclusive cuando no estábamos aquí; y seguirá girando aún cuando nos hayamos ido. ***Solamente somos una existencia momentánea en el planeta, obteniendo algunas lecciones y entrenamiento, en esta gran escuela de aprendizaje.*** El mundo no quiere nada de nosotros. Es autosuficiente. Somos nosotros los que estamos utilizando

al mundo para crecer y sobrevivir. Al hacer algo maravilloso, básicamente te estás ayudando a ti mismo y no al mundo. ***Por lo tanto, evita las ansiedades y las preocupaciones sobre qué pasará si no estás ahí. No desarrolles tu orgullo pensando que las cosas sólo funcionan cuando estás tú.***

De manera similar, no debes de desarrollar ansiedades y preocupaciones innecesarias sobre cómo educar a tu familia. Ellos también han sido alimentados y salvados por Dios Todopoderoso y no por ti. Tú eres simplemente un instrumento de Dios para educarlos en su labor de servidores, cuidadores o mensajeros, bajo Su guía, y utilizando esta oportunidad para tu crecimiento.

# 74. No le cuentes tus problemas o dificultades a los demás

Algunas personas tienen el hábito de contarle sus problemas y dificultades a todo el mundo. ***A menos de que en verdad necesites la ayuda de alguien, no le cuentes a otros tus problemas y dificultades.*** Guárdalos sólo para ti mientras haces tu mejor esfuerzo para resolverlos.

***La misma naturaleza de la sicología humana normal nos muestra que a nadie le interesan tus problemas. Lo único que les importa a los demás, son sus propios problemas.*** Al estar escuchando constantemente tus dificultades, esta persona se aburrirá o simplemente sentirá placer y satisfacción momentánea al ver que tú tienes más problemas que ella. Además, demostramos una gran inmadurez y una mente limitada cuando nos la pasamos quejándonos, ya que esto significa que estamos tomando los problemas terrenales demasiado en serio, los cuales, en efecto, son muy normales y todo el mundo los experimenta. No obstante, si así lo deseas, podrás tomar los consejos que te dé una persona, a la cual consideres más madura, prudente y conocedora, para resolver tus problemas.

También ***evita quejarte constantemente y las discusiones sobre diferentes cosas.*** Esto indica que tienes una mente frágil. Tampoco des excusas y hagas aclaraciones a la gente sobre diferentes cosas, a menos de que te lo pidan. Deja que las personas piensen bien o mal sobre ti de acuerdo a su mentalidad. No debería importarte mucho lo que los demás crean.

# 75. Desarrolla la tolerancia

La tolerancia es la virtud más grande. ***Sé estricto contigo mismo, pero tolerante con los defectos de los demás.***

Desarrolla la tolerancia cuando la gente te lastime con palabras duras e insultos. Deberás ser capaz de olvidar y

perdonar fácilmente sus errores. Así fortalecerás tu mente, porque de manera gradual se volverá inmune a todos los efectos perjudiciales dirigidos hacia ti. Una persona tolerante puede conseguir cualquier altura al cruzar las barreras.

Sin embargo, cuando la actividad de alguna persona parezca perjudicial para la sociedad o para la humanidad entera, deberás alzar la voz como una persona iluminada y no deberás quedarte callado. La tolerancia y la timidez son dos cosas completamente diferentes. ***La tolerancia es un poder, mientras que la timidez es una debilidad.***

Alzar la voz no significa ira, gritar, violencia o destruir la propiedad privada o pública. Deberás alzar la voz al reportar activamente el asunto, ya sea de manera verbal o escrita, a las autoridades correspondientes. También moviliza a algunos otros simpatizantes para que te ayuden y hagan las gestiones en un grupo de 4-5 personas, lo cual tendrá más impacto que si alguien va solo.

# 76. No pelees sobre la religión

No trates de establecer la superioridad de tu religión a los demás. Todas las religiones son buenas y son diferentes los caminos o escuelas que te llevan a Dios. De la misma forma, todos los *gurús* son maravillosos. Todos son maestros que te darán las enseñanzas necesarias y te guiarán para que alcances tu meta principal. Por lo tanto, el propósito es el mismo. Solamente los caminos y los maestros son diferentes. Puedes escoger lo que te convenga, pero siempre respeta a todas las religiones y *gurús.* **Al nivel más alto, todos los santos y gurús son iguales. No existe ninguna diferencia.**

Por lo tanto, no hay necesidad de comparar y establecer superioridad entre una y otra religión. Para mí, no existe una persona más antirreligiosa que la que pelea al comparar las religiones. ***Si te vuelves fanático de una religión o de una fe en específico, es como si pusieras una barrera sobre tu mente, la cual no te dejará ver más allá de un límite en particular.*** A menos de que amplíes tu mente a este respecto, no podrás alcanzar tu meta final, la cual es Dios. Quedarás atrapado en un punto en particular del viaje y no podrás seguir adelante.

# 77. No trates de ser un experto en todo

El conocimiento de las cosas terrenales es ilimitado. Es prácticamente imposible que una persona tenga el absoluto conocimiento de todo. Así es que trata de ser un experto en una cosa y sirve al mundo con ella. En otras áreas, podrás tener un conocimiento general, simplemente como cultura general.

Nuestra meta final es el "conocimiento del ser" el cual nos liberará de todos los sufrimientos y miserias. El conocimiento terrenal no te puede dar esa libertad o éxtasis que estás buscando. El conocimiento mundano se puede convertir solamente en el medio para alcanzar la meta final, pero recuerda claramente que el lograr más y más conocimiento no es nuestra meta. Nuestro objetivo es obtener respuestas a cuestiones tales como ¿quién soy? ¿Qué es la vida? ¿Qué es Dios? ¿Cuál es mi meta en la vida? ¿Cuál es el propósito de este Universo? Solamente estas respuestas te darán la satisfacción y la paz que estás buscando.

# 78. Recibe y ofrece ayuda libremente

No deberías de dudar o tener reservas al pedir o al ayudar a los demás. Es un derecho de todo el mundo, como hijos divinos de Dios, el recibir o dar ayuda libremente a los demás. Sin embargo, si alguien se niega a ayudarte o a reconocer la ayuda que le has proporcionado, no deberás guardar resentimientos en tu corazón.

Al ayudar a los demás estamos, básicamente, purificándonos, así que deberíamos estar agradecidos con la persona que nos ha dado la oportunidad para realizar este acto divino. Al darle cualquier cosa a los demás, ya sea ayuda material o conocimiento/consejo, no te quedarás limitado en nada. Todo lo contrario, la ley divina dice que: ***"entre más des, más recibirás".***

# 79. Disfruta cada momento de la vida

Lleva tu vida de tal manera que disfrutes cada momento de ella. Algunas personas tienen la actitud de que ahora es el momento de sufrir mucho y padecer privaciones, para que después puedan disfrutar la vida. Ésta es una actitud incorrecta. ***Deberías aprender también a disfrutar en medio del trabajo y de la lucha.*** *Recuerda que* ***permanecer rodeado de las comodidades materiales no siempre te dará placer. De hecho, podrías aburrirte mucho en esta situación.*** Algunas veces, debido a ciertas incapacidades del cuerpo en etapas avanzadas, ni siquiera podrás disfrutar las comodidades materiales que están a tu disposición. Ya se explicó anterior-

mente que ***el placer está en la mente y no en los objetos. También podrás experimentar placer sin ellos.*** Por lo tanto, deléitate con cada actividad y momento de la vida, sin importar lo trivial que sea, y no sueñes en disfrutar de la vida más adelante porque a lo mejor nunca pasa y, en cambio, a lo mejor tendrás que enfrentar alguna otra dificultad que por ahora no puedes ni imaginar.

# 80. Puedes aprender de cualquier persona en el mundo

Nunca deberías mirar con desprecio a nadie. **No existe ninguna persona en el mundo que no sepa nada, así como tampoco existe alguien que lo sepa todo. Esto es que todo el mundo sabe algo que tú no,** sin importar la clase social y la profesión que tengan. Por lo tanto, intenta aprender algo de todo el mundo.

Para poner en práctica esto en tu vida diaria, trata de conservar tu mente abierta mientras hablas con alguien. Procura mantenerte alerta del talento único, de la experiencia y del conocimiento que tenga la persona con la que estás tratando e intenta retener algo de todo esto. Después de salir y conocer a una persona, pregúntate si aprendiste algo de ella o si desperdiciaste tu tiempo.

*Siempre trata de aprender algo de los demás.*

# 81. No hagas o aceptes algo que no sea sólo lo mejor

***Como hijo divino de Dios, tienes el derecho a tener todo lo mejor.*** No hay ninguna razón por la que tengas que vivir una vida llena de miserias, limitaciones y esclavitud. Éstas son nuestras propias creaciones.

Pero, para tener derecho a estos grandes privilegios, tienes también una gran responsabilidad sobre tus hombros, la obligación de darle al mundo lo mejor de ti. Por lo tanto, nunca te comprometas a hacer o a aceptar algo que no sea sólo lo mejor. Para practicar esto, ***todos los días intenta hacer tu trabajo un poco mejor que como lo hiciste el día anterior.***

Cuando tengas la oportunidad de hacerlo, aprende nuevas técnicas. Cada día deberás sentirte mejor y más sabio que el día anterior.

Sin embargo, la palabra "mejor" no se tendrá que confundir con perfección. En este caso significa "lo mejor que puedas" o "lo mejor posible" bajo las limitaciones existentes. La perfección sólo se le atribuye a Dios. Para mayor aclaración sobre este punto, lee el número 100.

# 82. Sé cortés y ten buenos modales

En nuestras transacciones diarias, debemos tener buenos modales, una adecuada cortesía y reglas apropiadas a una sociedad civilizada. Por ejemplo:

a. Utiliza las palabras "gracias" y "por favor" de manera generosa.

b. Párate cuando recibas y saludes a un visitante de mayor edad.

c. Regresa todas las cosas que te prestaron a tiempo.

d. Evita hacer comentarios sarcásticos.

e. Guarda los secretos. Resiste la tentación de contarlos. Piensa dos veces antes de divulgar un secreto a tus amigos cercanos.

f. Recuerda los nombres de las personas que están a tu alrededor.

g. Respeta la privacía; toca a la puerta antes de entrar a una habitación.

h. Resiste la tentación de interrumpir a la mitad a la persona con la que estás hablando, sin importar que estés o no de acuerdo con ella. Escucha todo lo que tenga que decir de manera atenta, aunque no sepas mucho de lo que te está platicando. Habla solamente cuando sea tu turno.

i. Aprende a no estar de acuerdo con algo sin enojarte.

j. Sé puntual y lleva a cabo las juntas a tiempo, sin importar quien falte.

k. Resiste el impulso de decirle a alguien la forma de hacer las cosas, a menos de que te lo pregunten.

l. Mantén tu palabra y tus promesas.

m. No discutas de negocios en la calle.

n. Alaba en público, critica en privado.

o. Nunca dudes el utilizar la frase "lo siento" o "cometí un error" o "necesito ayuda" o "no sé".

p. Aprende a demostrar alegría aún cuando no tengas ganas.

q. Pasa menos tiempo preocupándote sobre quién está bien o mal y más tiempo decidiendo qué es lo correcto.

r. Nunca le digas a nadie que se ve cansado, deprimido o enfermo.

s. Sé agradecido con lo que hacen los demás por ti.

t. Devuelve el auto que te prestaron con el tanque de gasolina lleno.

u. No discutas sobre salarios.

v. Llega temprano al trabajo y sal después de la hora de salida.

w. Deja todo un poco mejor de como lo encontraste.

x. Reserva un tiempo exclusivo para los miembros de tu familia y demuéstrales con palabras y acciones lo mucho que los amas y lo mucho que significan para ti.

y. Cuando te sientas tentado a criticar, muérdete la lengua.

z. Escucha ambas partes antes de juzgar.

Todas estás pequeñas cosas te elevarán a ti y a los demás considerablemente.

# 83. No pienses o hables mal de la gente

Los pensamientos son armas muy poderosas. Cuando pienses o hables mal de alguien, no solamente lo lastimarás, sino que además te quedarás con esa carga de vibraciones negativas y por consiguiente, también tú saldrás lastimado. Asimismo serás castigado por la ley del karma al ofender a esa

persona con el pensamiento. Por lo tanto, no te des ese gusto. Cualquier persona que haga bien o mal, disfrutará o sufrirá de acuerdo a ello. ¿Por qué te preocupas de eso? Claro que si los actos de cierta persona interfieren con el camino de tu crecimiento o están afectando a la sociedad en general, entonces deberás tomar acción, teniendo en cuenta los intereses de la sociedad, pero esto lo puedes hacer sin crear sentimientos negativos o de venganza hacia esa persona y deseando sinceramente que ella mejore. A lo mejor tendrás que usar algo de diplomacia y tacto en el proceso.

De hecho, se dice metafísicamente que ***no puedes ver una falla en una persona a menos de que esta falla exista en ti.*** En otras palabras, las fallas que encuentres en los demás son una imagen de tus propios defectos. Esta visión se basa en la filosofía que dice que ***el mundo exterior que vemos es el reflejo de nuestro propio estado mental o de nuestro mundo interior. El mundo en sí, no es ni bueno ni malo.***

# 84. Todos estamos conectados unos con otros

Podrá parecer que todos los seres humanos estamos separados unos de otros. Pero de hecho, esta separación es solamente física. Mentalmente, estamos todos conectados. Es por esto que sentimos los placeres y dolores de los demás. ***Cada mente está conectada con otra mente y todas las mentes, sucesivamente, están conectadas con la mente cósmica (Dios).*** Así que hay una gran interrelación entre todos. ***Ningún humano está aislado. Las actividades de todo el mundo hacen una onda en el universo por diminutas que sean. De hecho, cada mente está en comunión con el mundo entero.***

# 85. Podemos aprender algo de cualquier situación

La vida humana está diseñada de tal modo que podemos enfrentar diferentes tipos de situaciones, aprender lecciones de ellas y por lo tanto, crecer. Nunca faltan situaciones y oportunidades para nosotros en la vida. ***Cada una es una experiencia particular, ya que no existen dos situaciones iguales. Cada momento es diferente del otro, aunque nosotros no nos demos cuenta.*** La vida humana no es una línea recta

que continuará teniendo el mismo tipo de experiencias día y noche. Hay curvas en la vida. ***Nuestro trabajo es extraer el mayor número de beneficios que podamos de cualquier experiencia.*** Cada ocasión, sin importar lo trivial o insignificante que parezca, nos da la oportunidad para aprender una cosa u otra, esto, siempre y cuando podamos mantener nuestra mente enfocada al aprendizaje.

Gurumayi (el sucesor espiritual del Swami Muktananda) dice, ***"Trata cada situación en la vida como si fuera una obra de arte. No desperdicies ninguna de ellas."***

# 86. No compares

Algunas personas tienen el hábito de comparar todo con los demás y siempre acaban frustrándose. Este tipo de personas, debería darse cuenta de que las comparaciones en este vasto mundo no terminan nunca. ***Puedes alcanzar cualquier posición, pero siempre habrá personas que estarán por encima de ti y también por debajo. Ésta es la naturaleza del mundo.*** De igual forma, sin importar lo hermoso y costoso que haya sido lo que compraste, siempre habrá algo mejor que lo tuyo. Si ahora estas cosas no existen, mañana aparecerán. Así que, no te involucres en esta loca carrera. Trata de disfrutar las cosas que tengas, sin importar su tamaño y procura tener presente lo siguiente: ***"En este mundo cambiante, siempre habrá algo que será mejor de lo que jamás podrás tener."***

*"La comparación no tiene fin."*

# 87. Sé independiente, toma tus propias decisiones

Algunas personas tienen el hábito de consultar a otros para poder tomar decisiones por sí mismas. Esto es indicativo de una mente débil y que no tiene autoconfianza. ***Deberías tratar, la mayor parte del tiempo, de resolver los problemas tú solo y tomar tus propias decisiones.*** Podrás consultar a otros, pero la decisión final tendrá que ser tuya. Las personas que dependen de los demás para hacer sus vidas nunca tendrán éxito. ***Las personas que se han vuelto importantes y exitosas, lo lograron porque tomaron algunos riesgos y decisiones independientes en sus vidas.*** *Se dice que,* ***"Para convertirse en alguien importante, tendrás que cruzar una u otra zanja en tu vida".***

*Confía en ti mismo.*

# 88. Aprende a apreciar a los demás

Aprende a apreciar a los demás por las cosas y por los trabajos buenos que hacen. Esto los animará y creará una atmósfera saludable a su alrededor. El ver lo bueno en los demás, te mantendrá siempre positivo y alegre. ***No importa lo mala que sea una persona, siempre habrá algo "bueno" en ella.***

Si tienes un puesto a nivel gerencial, felicita a tus empleados hasta por las pequeñas mejorías que tengan y nunca pierdas la oportunidad de decirle a los buenos empleados lo mucho que significan para la compañía.

# 89. Sé humilde mientras creces más y más

Hay una cita que dice que ***"El mejor hombre es el que les sirve a todos".*** Las grandes personas se vuelven más y más humildes entre mayor sea su riqueza, poder, estatus y honor. El volverse orgulloso al conseguir todo esto es la muestra de una mente poco desarrollada. No deberías de hacer ningún intento de presumir tus pertenencias a los demás. Simplemente preséntaselas a Dios, porque le pertenecen a Él y no a ti. ***El orgullo y la arrogancia llevan a la caída definitiva de las personas. Ésta es una ley divina y no perdona a nadie.***

En cualquier nivel de la sociedad que te encuentres, deberás mantenerte accesible tanto a lo más bajo como a lo más alto. Considera que las distinciones de niveles en la oficina o en la sociedad son solamente para actuar o para la misma organización del trabajo y no para dominar a los demás. ***Como hijos de Dios, todos somos iguales. Además, el verdadero sentido de la excelencia viene de las cualidades y virtudes que tengas y no de los poderes, riquezas o estatus oficial.*** Se dice que eres apto para una posición sólo si dejas por completo la idea de ocuparla. Tal vez habrás escuchado la cita que dice ***"Él es apto para mandar al que de mala gana usa la corona".*** Por lo tanto, borra hasta el sentimiento más pequeño de egoísmo y superioridad de tu parte. ***Trabaja como un servidor de Dios y en Su nombre.***

# 90. Sé agradecido con Dios por cada lujo y comodidad en tu vida

En esta vida estamos disfrutando de muchas comodidades. La mayoría de nosotros somos muy afortunados al tener todas nuestras necesidades básicas satisfechas por completo. Por ejemplo, contamos con una casa en donde vivir, ropa que usar, agua para beber, una familia con la cual compartir nuestras alegrías y tristezas, vecinos con los que realizamos nuestra vida social, un trabajo con el que ganamos nuestro sustento, y nos mantiene ocupados, y nuestra buena salud para llevar a cabo nuestras actividades por 70-80 años.

Pero ¿acaso hemos considerado por la gracia de quién disfrutamos todo esto? ¿acaso estaba dentro de nuestro poder, o dentro del poder de cualquier ser humano en la tierra el proveer semejante infraestructura para sustentar nuestra vida? Definitivamente no. Todo este milagro montado para tener nuestra vida cómoda, solamente pudo haber sido creado y sostenido por Dios Todopoderoso. Así que, ¿no es nuestra sagrada labor el reconocer y ser agradecidos con Él mientras aprovechamos Su gracia?

***De hecho, es un pecado disfrutar cualquier beneficio sin ni siquiera habernos molestado en averiguar de dónde proviene la fuente de estos placeres.*** Únicamente disfrutamos las comodidades en la vida, sin detenernos a pensar en la misericordia de Dios, lo cual es bastante egoísta de nuestra parte como seres humanos. Uno debería de estar siempre agradecido con Dios por el más mínimo lujo y comodidad que disfrutamos o que está disponible en la vida para nosotros.

Yendo un paso más allá, uno también debería estar agradecido con las personas que se han convertido en los *"Nimmit"* de Dios, o los agentes encargados de ayudarnos a satisfacer nuestras necesidades. El simple hecho de haber aceptado ser un *"Nimmit"* de Dios es suficiente para agradecerles.

# 91. No malentiendas siempre a los demás

Hay algunas personas que frecuentemente malentienden a los demás. Siempre sienten que las actividades de otras personas están dirigidas para lastimarlas e insultarlas. Cualquier sugerencia o comentario sobre su trabajo es tomado por ellos como un insulto personal y como crítica. Todas las conversaciones son tomadas por ellos como un reto para discutir.

De hecho, es uno de los instintos básicos de nuestra naturaleza más baja, el percibir cualquier cosa desconocida o nueva como una amenaza para nosotros. Maharishi Patanjali en sus *Yoga sutras*, también dice que, ***"La naturaleza de la mente es dudar".*** Pero mediante la apropiada contemplación y los conocimientos correctos, esta debilidad natural podrá ser superada y eliminada. Si reflexionamos profundamente, nos daremos cuenta de que ***este sentimiento de ser malentendido se desarrolla por el sentimiento de separación de los demás.*** Sentimos que estamos separados del resto del mundo y, por lo tanto, el mundo entero se nos presenta como nuestro enemigo con el que tendremos que librar constantemente una guerra para asegurar nuestra supervivencia. Pero ¿esto es cierto? El hecho es que no estamos separados unos de otros. Todos estamos conectados y somos parte integral de la creación en general. Nuestras necesidades y metas son comunes. Los puntos en los que diferimos con los demás son menos que los puntos en los que sí estamos de acuerdo. Así que ¿dónde están las oportunidades para los malos entendidos?

Por lo tanto, en nuestra interacción con los demás, no empecemos con la idea de que la otra persona es nuestra enemiga y quiere lastimarnos. En vez de eso, deberías empezar con la noción de que es buena. Solamente cuando se haya probado que es una mala persona, mediante sus actos, entonces sí deberías cambiar tu opinión.

# 92. Deja que el poder te llegue por sí solo

Muchas personas, aunque tengan el suficiente potencial, no empiezan a hacer las cosas significativas de la vida porque se la pasan diciendo que no tienen los poderes, los recursos y las facilidades necesarias para hacer tales cosas.

A este respecto, por favor recuerda que, para obtener algo maravilloso, nadie se acercará a ti con los brazos abiertos diciendo "Señor, éstas son las cosas que necesitará para volverse maravilloso. Por favor, amablemente acéptelas". De hecho, el proceso es al revés. Mientras demuestras o pruebas tu grandeza, esas cosas necesarias automáticamente te llegarán mediante un misterioso proceso divino. Hay un dicho que dice, ***"Haz las cosas y tendrás el poder".***

Así que, el enfoque correcto es que si en verdad quieres hacer cosas maravillosas, empieza el proyecto con los recursos, poderes y conocimientos que tengas, por muy pequeños que éstos sean. Te darás cuenta de que los atributos que necesitas te llegarán de manera automática y gradual a medida que los vayas necesitando. Es correcto decir que ***"La grandeza siempre se gana por los esfuerzos propios. Muy rara vez se le otorga a alguien como regalo."***

Ésta también es una ley divina, entre más corras hacia el poder, renombre, fama o estatus, más se alejarán ellos de ti. Entre más reacio estés hacia ellos, más se acercarán a ti, pidiéndote que los aceptes.

# 93. Las circunstancias externas pueden crear estrés por sí mismas

Algunas personas tienen la noción equivocada de que algunos factores externos o alguien ajeno a e los es responsable de su estrés, y a menos de que estas situaciones externas cambien, no podrán ser felices. Pero éste es un razonamiento equivocado sobre las leyes que causan el estrés. Por lo general las personas y las situaciones a tu alrededor no pueden ser cambiadas, y esto no significa que permanecerás estresado toda tu vida. Como se mencionaba anteriormente, ***no son las situaciones externas, sino tu reacción hacia ellas lo que provoca el estrés. Puedes controlar tus reacciones de manera que nunca te afecten emocionalmente, sin importar lo que pase en el mundo exterior.*** Es como aislar tu mente del impacto de las situaciones externas o hacer que tu mente sea independiente de dichas circunstancias. En estas condiciones, la mente se comporta como el maestro y las circunstancias externas como los asistentes, de manera que la mente controla estas circunstancias, en vez de ser controlada por ellas.

Las circunstancias externas solamente proveen el material o el combustible necesario para causar el estrés. Pero, ellas mismas no lo pueden causar. Éste es causado cuando se prende el combustible mediante la mente negativa. Por lo tanto, la causa primaria del estrés está en la mente. Las condiciones externas actúan sólo como la causa secundaria. ***Sin el apoyo de la mente, ninguna condición o circunstancia puede actuar como un estresante.***

Sin embargo, esto no significa que no deberíamos tratar de cambiar el ambiente o las circunstancias externas para crecer. En la medida que puedas hacerlo, cambia tu ambiente para mejorar, es algo que tienes que hacer. Un ambiente positivo es definitivamente un factor de apoyo en la prevención del estrés.

---

***Nota:*** Para un mayor entendimiento científico sobre el estrés y los estresantes, por favor revise mi libro *Controla tu mente y dile adiós al estrés*.

# 94. No hagas una catástrofe de las cosas desagradables en tu vida

En nuestra vida ocurren muchos eventos tristes, pero no nos pueden alterar en exceso, a menos de que hagamos una catástrofe de ellos, diciéndonos que son una situación de vida o muerte, o que el mundo se va a acabar, o que la tierra se va a caer, o cualquier otra declaración desastrosa.

Pero ¿es eso cierto? ¿existe algo en la vida que sea tan terrible? ***La experiencia de miles de hombres iluminados, los cuales han enfrentado muchas tormentas en su vida, nos muestran que no hay nada en esta vida que debamos llamar catastrófico o insoportable. Todo puede ser aceptado y manejado con serenidad.*** Está bien mostrar una preocupación razonable sobre un acontecimiento triste y tomar

*Esta persona está haciendo una catástrofe por la falta de sal en la comida.*

las medidas para remediarlo, pero es la preocupación y la ansiedad exagerada las que crean un problema.

Es solamente cuando empezamos a tomar las cosas excesivamente en serio y les damos mayor peso del que merecen, que empiezan a dominarnos. Dale esa importancia a las cosas que en verdad lo merezcan. ***Si puedes aprender a ver las cosas desde cierta distancia, con una gran perspectiva, te darás cuenta de que no son tan terribles como te las imaginaste, viéndolas desde una perspectiva limitada.*** Así que, la próxima vez que te preocupe algo en la vida, simplemente pregúntate: ***"Si es algo verdaderamente importante o serio para que merezca tal preocupación. ¿Es lo más importante en tu vida? ¿Cuál es su valor comparado con la mayor meta en tu vida?"*** Encontrarás que estas preguntas descargarán tu mente de la agonía no deseada.

Como mencionamos anteriormente, el tomar las cosas en serio y con sensibilidad, también hace que se construyan fuertes impresiones en nuestra mente subconsciente. Estas impresiones nos hacen más susceptibles a rendirnos ante situaciones similares en un futuro. Por lo tanto, deberías tratar de enfrentar cada momento en tu vida sin involucrar demasiado tus emociones, de manera que ninguna *samskara* o impresión se forme en tu mente subconsciente.

# 95. Aprende a renunciar y a soltar

Algunas personas piensan que para lograr el desarrollo y la felicidad hay que acumular la mayor cantidad de cosas posibles, encontrar la mayor cantidad de personas y de relaciones en la vida, cambiar constantemente de trabajo, viajar a muchos lugares, etcétera.

Pero desafortunadamente, cuando estas personas miran hacía atrás, se preguntan de qué se trató todo. ¿Por qué corrieron tanto?

***De hecho, la verdad es que la felicidad consiste no en acumular cosas, sino en aprender a renunciar y a soltar. Entre más sueltes, más aliviado y relajado te sentirás.*** Cuando dejas ir todo, te vuelves totalmente libre. Esto no significa que tengas que tirar y renunciar a todo lo que tienes. Puedes tener todo, pero deberás desapegarte mentalmente de las cosas. Éste es el verdadero significado de soltar. Esta actitud no sólo se aplica en el caso de las posesiones materiales y las experiencias, sino también se refiere a varias emociones arraigadas en tu mente. Por ejemplo, imagina que tienes alguna ansiedad con respecto a cierta cosa en tu mente, a lo mejor celos u odio hacia ciertas personas; con sólo dejar que estos sentimientos caigan, como una piedra en el agua, empezarás a sentirte libre.

Hay una cierta incomodidad al aferrarse a algo, mientras que hay un sentimiento de alivio y relajación al renunciar a él. ***Cuando te apegas a cierta cosa, pierdes la libertad de pensamiento y acción,*** y lo más probable es que pienses y actúes en términos de dicho apego. Por lo tanto, no podrás ver la realidad como es y esta ignorancia creará incomodidad y desarmonía en tu vida.

# 96. ¿Te sientes solo y aburrido?

En el lenguaje espiritual, una persona solitaria es aquella que no se conoce y que no se puede enfrentar a sí misma, y ese tipo de personas corren tras otros objetos y personas para mantener su mente ocupada. Cuando no tienen ese objeto o compañero con el cual entretener a la mente, se sienten aburridas. El aburrimiento viene de querer tener algo y no obtenerlo. ***No se dan cuenta de que la alegría también se puede experimentar sin objetos, al enfocar la atención a sí mismos.*** Fracasan al querer experimentar la alegría y la

paz interna que se encuentran dentro de todos, albergadas en nuestra alma.

Pero depender de otras personas y objetos para tu gratificación, es altamente ilusorio porque nada permanecerá por siempre contigo. Inclusive en el día a día de tu ocupada vida, los momentos de pazvienen cuando estás solo.

***Si no puedes vivir solo, significa que no estás en paz contigo mismo.*** Existen muchos conflictos y trastornos dentro de ti que te empiezan a dar problemas tan pronto como te sientes solo. Por lo tanto, es inevitable que siempre quieras algún apoyo externo en la forma de objetos y personas, de manera que tu mente permanezca absorta en cosas aparentes, en vez de concentrarte en tus conflictos internos. Pero esto es como huir y distraerte de los problemas reales. Estos acuerdos no te darán la paz y la satisfacción eterna, la cual ansías desde el fondo de tu corazón. Éstos son como "laberintos" (*bhoolbhulaiya*).

Tarde o temprano tendrás que llegar a un acuerdo contigo mismo para obtener la paz que deseas. ***El huir de ti mismo nunca será la manera de alcanzar la paz.*** Solamente la retrasa. Así que, el quid del asunto es que debes aprender a gustarte a ti mismo, a vivir contigo mismo. Si hay algún factor inquietante de tu personalidad, intenta resolverlo en vez de huir de él. Recuerda que finalmente es tu propio yo el que vivirá contigo y no otra cosa en el mundo. En un estado avanzado, deberías desarrollar una actitud con la que te puedas sentir solo, aún cuando te encuentres en una multitud y te tengas que sentar en medio de ella.

Todos hemos hecho el hábito de permanecer entre la gente. Tenemos miedo de estar solos, aún cuando la realidad sea que nuestra soledad es nuestra verdad. ***Venimos a este mundo solos, estamos solos y solos nos iremos.*** ¿No es verdad que una persona siempre está sola, aún cuando está rodeada de cientos o de miles de personas? ***Reconoce tu soledad, conócela y experiméntala. Todos los días, por un corto tiempo, vive como si estuvieras solo en el mundo. En ese momento no eres un esposo o una esposa, un padre o un hijo, un maestro o un estudiante, un hombre o una mujer.*** Solamente eres tú.

# 97. No te enojes cuando te rechacen o desaprueben

Algunas personas se enojan mucho cuando ellos, sus trabajos o sus opiniones son rechazados o desaprobados por alguien. Empiezan a sentirse que no valen nada y que son inferiores comparados con el resto de la gente y por consecuencia desarrollan depresión y desesperanza.

Si algo así te sucedió, entonces estás haciendo una falsa suposición de que la persona que te está rechazando siempre está en lo correcto y tú siempre estás mal. Pero de hecho, esto no es siempre verdad. ***La persona que te está rechazando puede no estar técnicamente apta para evaluarte o puede tener prejuicios o celos hacía ti. Así que ¿cómo puedes saber que su evaluación ha sido correcta?***

Deberías tomar los comentarios que tienen otras personas sobre ti, simplemente como su personal punto de vista. En verdad, no necesitas enojarte sobre la diferencia de opiniones con los demás. En realidad, cuando una persona habla sobre ti o sobre tu trabajo, expresa más sobre el gusto y el estado mental de ella que del tuyo.

En vez de dejarte llevar por las opiniones y juicios de los demás, deberías detenerte un momento y evaluarte con respecto a esas opiniones. Si sientes que hay cierta posibilidad para que mejores ese aspecto, entonces toma las medidas necesarias para hacerlo. Si sientes que no tienen ningún peso los comentarios de la otra persona, simplemente ignóralos, en vez de darles más importancia.

# 98. Evita ser el centro de atención cuando hables o negocies

Existen personas que sostienen conversaciones enteras, utilizando en exceso las palabras "yo", "mi" o "mío". Dicen, por ejemplo, "Yo hice esto", "a mi me gusta esto", "sólo yo puedo hacerlo", etc. Por su plática aparentemente constituyen el mundo entero y no existe nada más en el universo que ellos.

De hecho, hablar y pensar solamente en nosotros es el reflejo de un nivel de conciencia muy angosto y lento, mediante el cual nos volvemos más pequeños. Ya no somos parte de este universo, ni participamos del gran "plan" de Dios. Nos empezamos a separar, por lo tanto, nos sentimos incómodos y en desarmonía con el resto del universo.

Considera que eres parte del universo y parte de un gran plan de Dios, el cual se está revelando aquí. ***No eres diferente a otras personas. Todos tenemos necesidades y metas en común.*** Todos llevamos la misma relación con Dios. El pensar y hacer diferentes trabajos, desde la consideración de un beneficio en común y hasta una visión universal, es la señal de una conciencia expandida y satisface completamente nuestra misión y meta en esta tierra. Hacer todo desde el punto de vista de una ganancia personal es altamente egoísta y es poco favorecedor para nosotros como seres humanos. Esto niega el propósito de nuestra existencia en este mundo. Ejercita tu fuerza de voluntad para detenerte cada vez que te sientas tentado a alardear sobre ti mismo o de hablar solamente de tus intereses o problemas. De hecho, ***cuando la conciencia se agranda, la idea de vivir y trabajar solamente para uno mismo parece ser bastante absurda.***

# 99. No te bajes al nivel de la persona que está contigo y que está actuando mal

En el transcurso de nuestra vida nos enfrentamos a diferentes momentos, entre ellos tenemos cuando otras personas empiezan a pelearse y a portarse mal contigo, sin razón aparente, solamente por su baja naturaleza y por un patrón de malos hábitos. La respuesta automática de la persona inocente ante esta situación, es también agredir y desquitarse para probar que la culpa es de la otra persona, la que empezó la pelea de la nada. Pero esta persona, al ser gobernada por su baja naturaleza, se vuelve todavía más inflexible y agresiva después de escuchar esos comentarios. De esta forma, el conflicto aumenta en vez de calmarse.

Así que ¿cuál es la manera correcta de actuar ante tal situación? En este tipo de circunstancias, debes entender que la persona que se está portando mal contigo, lo está

haciendo porque es un esclavo de sus malos hábitos y baja naturaleza. Entonces, si es así ¿por qué deberías enojarte? Déjalo que permanezca tenso y enojado debido a su temperamento. Tú no eres responsable por su estado mental.

***Al empezar una pelea con esta persona, te pones a su nivel, lo cual no es nada deseable. Deberás mantener tu nivel y estándar mental. El mejor camino a seguir en ese tipo de situaciones es ignorar a dicha persona. Al molestarlo más y discutir con él sobre si está bien o mal, le estás dando más importancia y peso del necesario, el cual no se merece.*** Si la persona tuviera la suficiente inteligencia para apreciar tus comentarios, no habría empezado esa pelea absurda en primer lugar. Es como si le explicaras la lógica entre lo bueno y lo malo a un animal; ¿tendrá algún sentido? Así que, el mejor camino a seguir en semejante situación es ignorar, olvidar y no darle mayor fuerza al oponente para que prolongue el conflicto. **De hecho, antes de comenzar cualquier discusión o pelea con cualquier persona, deberás pensar si vale la pena desperdiciar ese tiempo y energía solamente para satisfacer tu falso ego.** ¿Acaso esta persona o sus palabras son tan importantes? Convéncete mediante tu mente elevada (intelecto) sobre la inutilidad de dicha confrontación.

También sabes claramente que cualquier cosa buena o mala que haga una persona, tendrá como consecuencia que disfrute o sufra automáticamente mediante la justicia Divina. Nadie se salva de esto. Entonces, no es necesario que te pases la vida dándole lecciones a todo el mundo. Tu enfoque debería ser intentar conocer a toda clase de personas, de manera que tu crecimiento y tu trabajo no se obstaculicen.

# 100. Evita abusar del perfeccionismo y del idealismo

Muchas personas en el mundo permanecen bajo presión porque esperan la perfección en todo y no la consiguen.

Con respecto a esto, por favor entiende que la perfección sólo se le atribuye a "Dios". ***Nosotros, los seres humanos,***

*"Quiero un desempeño perfecto de todos mis empleados, pero no lo estoy obteniendo."*

***por nuestra propia definición, somos imperfectos. Sin importar el nivel que alcancemos, no podemos evitar cometer errores.*** Podemos reducir nuestras imperfecciones mediante la práctica y el constante conocimiento, pero no podremos obtener una perfección impecable. Un ser humano logra la perfección solamente cuando alcanza el mayor estado de conciencia, que se conoce como "moksha" o "nirvana" o "mukti" o "estado de Dios Realizado". En esta etapa, no permanece como un ser humano ordinario, sino que se convierte en el compañero de Dios. Ya no necesitará regresar a esta tierra para aprender más lecciones u obtener mayor perfección, así que es liberado del ciclo de nacimiento y muerte.

Hay algunas personas que insisten en obtener una sola y perfecta solución a un problema. Pero lo que debería de ser es que, en vez de estresarse por encontrar esa única y perfecta solución, tendrían que esforzarse por obtener un número adecuado de buenas soluciones, las cuales, para nuestro propósito práctico, deberían ser lo suficientemente buenas para llevarlas a cabo. ***El esperar solamente perfeccionismo e idealismo en todas las situaciones, te llevará constantemente a experimentar estrés. Los seres humanos estamos obligados a cometer errores, aunque no queramos.*** Sin embargo, el objetivo debería ser aprender de estos errores y reducir constantemente y lo más que podamos nuestro grado de imperfección.

***El cometer errores es completamente natural para los seres humanos. No hay nada inusual o criminal en ello.*** No hay necesidad de que te escondas o de que te sientas avergonzado después de cometer una falta. Lo importante es que comprendas la lección de ese error y que constantemente mejores del punto A al B, del B al C, del C al D y así consecutivamente. No permanezcas atorado en un punto durante el viaje de tu vida. ***Si no aprendemos de nuestros errores, perderemos el beneficio de la lección, el que nos trae cada equivocación.***

# 101. Aprende a adaptarte y a comprometerte

Todos tenemos el deseo de que las cosas en la vida deberían salir como las deseamos y que las palabras deberían ser amables y justas con nosotros; que las personas deberían ser respetuosas y educadas con nosotros y que solamente nuestra visión e ideas deberían ser aceptadas e implementadas.

Desafortunadamente, éste no es siempre el caso, ni lo será. Este mundo es muy complejo y no ha sido diseñado para complacer nuestros caprichos y necesidades. El mundo está girando de acuerdo a cierto esquema y leyes divinas y no de acuerdo a nuestros deseos y requerimientos.

Hay ciertas cosas y fuerzas que actúan en nuestras vidas sobre las cuales no tenemos ningún control. Deberíamos aceptar y respetar estas limitaciones. ***En vez de pelear con***

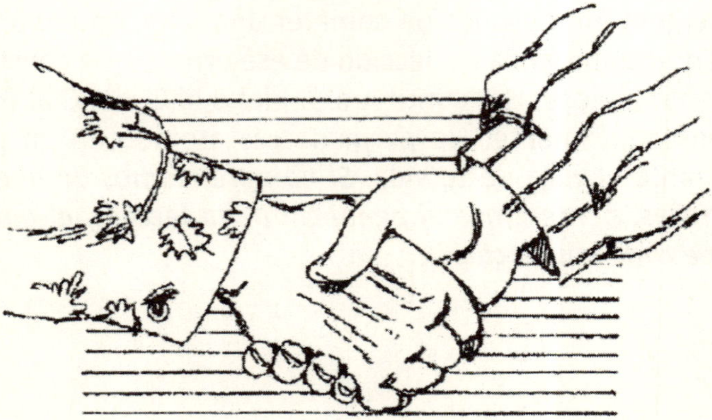

***estas cosas, las cuales no podemos controlar y cambiar, deberíamos aprender a adaptarnos y a comprometernos.*** Algunas personas tienen la noción equivocada de que la adaptación y el compromiso son señal de debilidad, esclavitud o sometimiento ante otra persona. Pero en verdad no lo son. ***Necesitas una gran fuerza de voluntad para adaptarte a una persona, en vez de pelear con ella. Para confrontarte con otra persona no requieres fuerza de voluntad. Todo el mundo lo puede hacer.***

# 102. Evita abusar del querer impresionar a los demás

Ésta es una de las principales fuentes de estrés para el hombre en la sociedad moderna, el querer que todo el mundo tenga una excelente opinión de uno, sea cierto o falso. No soportamos el rechazo de las personas. El miedo a la opinión que tienen los demás de nosotros, es la mayor amenaza que el hombre moderno ha creado para sí mismo. ***Fallamos al reconocer la tremenda presión que nos echamos encima***

***para lograr las expectativas que los demás tienen de nosotros.***

Al tratar de impresionar a los demás y de este modo obtener satisfacción, le estás otorgando, indirectamente, la llave de tu felicidad a otros. Esto quiere decir que, si quieren, te harán feliz y si quieren te pueden hacer la vida miserable. Simplemente te conviertes en una marioneta en las manos de otros, los cuales te harán bailar a su ritmo. En otras palabras, te conviertes en esclavo o mendigo al hipotecar tu felicidad a merced de otros.

Tu felicidad y satisfacción deberían depender de ti mismo y no de los demás. Deberías de hacer cualquier cosa desde el punto de vista de tu propia satisfacción. Deberías de encontrar alegría en lo que estás haciendo. ***Tu felicidad no debería esperar hasta que llegue una persona y aprecie tu trabajo.***

No le des mayor importancia al punto de vista que tienen otras personas de ti, ya sea que conozcan tu nivel o tus capacidades o que te sobreestimen o subestimen. Hay muchas personas en el mundo que no saben nada de ti. ¿Esto hace alguna diferencia para ti? ***Tu juicio ante tus propios ojos es muy importante. Los comentarios de otras personas deberán ser tomados sólo objetivamente, como una oportunidad de volverte a examinar y tomar las acciones correctivas necesarias.*** Aún cuando descubras que eres débil en ciertas áreas, no deberás preocuparte mucho. En este mundo tan diverso, siempre habrá diferencias en los niveles de la gente. No hay nada inusual en ello. En algunas áreas puedes ser mejor y en otras habrá quien sea mejor. Es bastante ilusorio creer que se puede estar en la cima del mundo en todas las áreas y pretender que todo el mundo te aprecie por esto.

# 103. Aprende a cambiar tus pensamientos rápida y conscientemente

El humor que tienes en este momento depende de los pensamientos que se encuentran en tu mente. Si cambias estos pensamientos y empiezas a pensar en otra cosa, seguramente también cambiará tu humor.

Ahora tienes una simple y sencilla fórmula. Cuando te sientas molesto, solamente piensa en algo agradable. Inmediatamente se irá esa molestia. Por ejemplo, imagina que estás preocupado por la salud de tu hijo ya que vive en un hostal. Ahora cambia tus pensamientos hacia el trabajo urgente que tienes que terminar en la oficina o sobre las diferentes juntas y citas que tendrás el día de mañana. Los pensamientos de preocupación tendrán que irse inmediatamente ya que tu mente no puede pensar en tantas cosas a la vez. De esta forma, es imposible preocuparte por algo a menos que empieces a pensar en ello.

Puedes distraer tu mente hacia algo más placentero y entretenido. Por ejemplo, puedes escuchar buena música y canciones melodiosas; puedes leer un libro sumamente espiritual y quedar absorto en él. También puedes ver un buen programa de televisión o solamente salir a tomar aire fresco, ya sea a un jardín, a un bosque o a un lago cercano, o también puedes platicar con un buen amigo que se encuentre cerca.

## 104. Continúa progresando, incluso durante las tragedias y desgracias

Hay algunas personas que convierten su vida en algo completamente muerto y deprimente cuando una tragedia o desgracia los golpea. Andan desanimados e impotentes, como si no hubiera nada más en la vida. Hasta que el impacto emocional de la tragedia se desgaste en su mente, continuarán su existencia en este estado miserable, y por lo tanto, desperdiciando gran parte de su vida.

Aquí también deberás aceptar el hecho de que las tragedias y las desgracias son parte de la vida de todos. **Ya sea que te guste o no, continuarán llegando, ya que es tu propio destino y es el diseño en general de tu vida, el cual fue determinado por el Todopoderoso.** No hay nada inusual y extraordinario que nos caiga en la cabeza de vez en cuando. Por lo tanto, en vez de sorprenderte por las adversidades, aprende a aceptarlas, enfrentarlas y respetarlas. Muchas personas niegan que tal o cual cosa les tengan que pasar y por lo tanto, continúan estresados y enfermos mentalmente.

Entre más pronto aprendas a aceptar y después a reconciliarte con la inminente desgracia, más pronto estarás en paz contigo mismo. Tienes que aprender a ajustarte a los inminentes desastres lo más rápido posible, de manera que puedas empezar a actuar a la misma velocidad. **La única realidad en el mundo es el cambio. ¿Cómo puedes detener eso? La vida es como un río. Tiene que fluir continuamente. No puede ser detenido en un punto particular de la vida.** Por lo tanto, recuerda la fórmula de "aceptar, ajustar y empezar a actuar nuevamente".

# 105. No tengas demasiadas expectativas de tu pareja

Tu pareja es como cualquier otro ser humano, con debilidades y fortalezas. No esperes una actitud impecable de su parte, considerándolo/a un ser humano especial e ideal. Hacer esto, será como si vivieras en un mundo de ensueño. Como cualquier ser humano, el/ella también hará muchas cosas estúpidas y tendrá hábitos peculiares. De hecho, deberás esperar de antemano dichas cosas. Tu habilidad será obtener lo mejor de el/ella al utilizar cualquier habilidad o cualidad que tenga. Al mismo tiempo, deberás aprender

a comprometerte, tolerar, ajustarte e ignorar los aspectos negativos o irritantes de su carácter. Esto no es inusual. Todos tenemos alguna característica graciosa y peculiar que nos hace diferentes a los demás. De hecho, tu habilidad será no crear u originar esas circunstancias que irritan a tu pareja.

Si quieres cambiar un mal hábito o una actitud nociva en tu pareja, nunca lo lograrás sermoneando, regañando o criticando. Solamente se puede conseguir mediante tu propio cambio y no tratando de cambiar a tu pareja. ***Recuerda, se necesita que la persona quiera cambiar, nadie más lo puede hacer por el/ella. Únicamente poniendo el ejemplo con nuestro propio comportamiento es que puedes esperar que los demás cambien su conducta. Pero, la confrontación, las discusiones y las críticas nunca han sido el camino para cambiar a una persona.*** En vez de eso, se ha observado que los viejos hábitos y las características negativas, reaccionan de manera más poderosa.

Además, no deberías tener grandes expectativas y exigencias de tu pareja. Ninguno de los dos es esclavo o sirviente del otro. Se supone que ambos se tienen que apoyar para poder crecer. Ambos comparten las mismas responsabilidades para mantener la estabilidad y la alegría en la relación. Las debilidades de uno se tienen que superar o compensar por las cualidades del otro. Ésta es la actitud ideal destinada a esta importante relación.

Pero esto sólo es posible mediante la cooperación, el compromiso, la tolerancia, la adaptación y el respeto entre la pareja. No obstante, si uno de los esposos no está entendiendo y comprometiéndose, deberías continuar jugando tu parte en la línea esperada y deseada, sin mostrar ningún signo de frustración y decepción. Considéralo como parte de tu destino. Finalmente, en un momento u otro, la justicia Divina juega su papel y ajusta las cuentas del *karma* de todo el mundo con total imparcialidad.

# 106. Vive un día a la vez; no te apresures

Divide tu vida en días y luego trata de vivirlos y disfrutarlos uno a uno. Deja fuera el ayer y el mañana. Entonces tendrás solamente que conquistar los problemas de un día y eso cualquiera lo puede superar. Sin embargo, cuando agregas los problemas de ayer y las aprensiones del mañana, a las cargas de hoy, se vuelven insoportables las cosas. ***Es sólo cuando divides tu vida en pequeñas unidades que puedes poner la mente entera en ello, sin ningún tipo de distracción del pasado y del futuro, y empezar a disfrutarla. Cuando tu mente se mueve simultáneamente entre el pasado y el futuro, no puede realizar bien la tarea del momento presente.***

Puedes dividir aún más tu día en horas y en minutos y después vivir y disfrutar cada momento, olvidando todo lo demás. Ésta es la clave de una persona exitosa.

# 107. Disminuye la velocidad de tu mente

La mente de la mayoría de las personas corre a una velocidad tremenda con un pensamiento tras otro. Sus mentes no son capaces de detenerse ni por un momento. Siempre están planeando, preocupándose, moviéndose y estresándose. Gradualmente se vuelve un hábito profundamente enraizado y en un tipo de predisposición. Aún cuando no haya

nada por qué preocuparse, estas personas buscan alguna cosa para poder hacerlo y permanecer, de esa manera, bajo la ansiedad. Cuando no hay nada que hacer, se ponen tensos y piensan en lo que pueden realizar, en vez de utilizar esta oportunidad para relajar sus mentes.

¿Qué significa velocidad mental? Es un parámetro que indica el número de pensamientos que pasan por tu mente en un cierto tiempo. ***Hacer que tu mente vaya más despacio significa, esencialmente, reducir el número de pensamientos*** que cruzan por tu mente en un cierto tiempo. Imagina que antes mil pensamientos cruzaban por tu mente en un minuto y ahora sólo pasan cien en el mismo lapso; esto significa que has logrado que tu mente vaya más lenta. La velocidad de la mente es particularmente alta durante las emociones negativas y el estrés, y todavía mayor durante las emociones de impaciencia, prisa y desesperación.

***La alta velocidad de la mente o la tremenda prisa de los pensamientos es, esencialmente, una señal de debilidad y desenfreno.*** Una mente controlada puede permanecer con un solo pensamiento por el tiempo que desee sin permitir que le lleguen otras ideas. O inclusive puede permanecer sin pensamientos durante el tiempo que quiera.

Ahora, para reducir la velocidad de la mente hay que detenerla el tiempo necesario para que atienda la actividad que estés realizando en ese momento. No permanezcas en la memoria del pasado y en la anticipación y aprensión del futuro. Aprende a vivir en el presente. ***Cuando piensas antes de tiempo y te orientas en el pasado y en el futuro, la velocidad de tu mente aumenta*** y también te lleva a realizar pobremente la actividad que estás haciendo en ese preciso momento.

Normalmente, mientras hacemos algo, nos adelantamos y comenzamos a pensar que cuando acabemos el trabajo podremos disfrutar un momento de descanso. En este proceso, descuidamos el presente y gastamos el tiempo siendo infelices. Es nuestra orientación al futuro y nuestra mente acelerada lo que bloquea la felicidad del presente y mantiene a nuestra mente constantemente agitada.

Una vez que aprendemos a detener nuestra mente y a enfocarla en la actividad que estamos haciendo en ese momento, encontramos que el trabajo más mundano y común, el cual antes era muy aburrido, se vuelve bastante interesante y una fuente de gran alegría y satisfacción.

Solamente al detenernos y al poner atención, a cada momento, en las cosas que pasan a nuestro alrededor, las cuales son, por lo general, tomadas a la ligera y parecen aburridas e insípidas, que se vuelven sumamente interesantes y agradables. Si queremos experimentar alegría y felicidad en nuestro trabajo, debemos dejar la actitud de impaciencia en nuestras cosas y de terminarlas lo más rápido posible. Esto deberá ser reemplazado por una actitud de cuidado y conciencia en cada actividad. Sin importar lo trivial que sean. Si no estamos conscientes de cada pequeña actividad, no podremos ser conscientes de llevar a cabo grandes tareas, ya que nuestra actitud y estado de ánimo no pueden ser repentinamente cambiados.

# 108. ¿Tus conversaciones seguido terminan con enojo y dolor de estómago?

Por lo general se observa que aunque las personas empiezan una conversación con la mejor intención, después de un tiempo, la escena cambia. Empieza un jaloneo en donde cada uno está interesado solamente en establecer su su-

perioridad por encima del otro, en vez de intercambiar un conocimiento productivo. Esto sucede porque las personas se interesan más en satisfacer su falso ego y se olvidan del objetivo real de la conversación que empezaron.

Sin tan sólo pudiéramos recordar durante la plática que ***el objetivo principal de cualquier conversación es el intercambio de conocimiento y no el establecimiento de nuestra***

***propia superioridad sobre la otra persona, entonces probablemente eliminaríamos muchos dolores de estómago, que son el resultado de muchas conversaciones.*** A pesar de todas tus preocupaciones, si sientes que cualquier discusión te está llevando a que te enojes, lo más sabio será que te detengas en ese momento, sin importar la lógica de tus ideas. También deberías involucrarte preferentemente en discusiones productivas, que te dejen algún aprendizaje. Si sientes que cierta discusión, pelea o conversación con una persona es bastante improductiva y representa una pérdida de tiempo y energía, no participes en ella. Conviértete simplemente en un oyente pasivo y aléjate a la primera oportunidad.

También si te sientes fuera de sintonía al hablar con alguna persona, reduce lo más que puedas la duración de dicha conversación, en vez de que termines con tensión, enojo y dolor de estómago.

# 109. Intenta resolver un problema a la vez

Todos sabemos que estamos rodeados por un sin número de problemas. Si empezamos a pensar y a querer resolver todos al mismo tiempo, nos volveremos locos y no podremos solucionar ni siquiera uno solo apropiadamente. El planteamiento correcto es que primero hagas una lista con todos tus problemas y que después escojas uno a la vez, para luego concentrarte en resolver solamente ése. Olvídate temporalmente de todos los demás problemas. El aclarar uno por uno, te ayudará a darte cuenta de que el problema no es abrumador, sino estimulante. Sentirás el gusto por la aventura de resolver dificultades. ***Es solamente cuando tratas de solucionar todos los problemas de manera simultánea, que te sentirás abrumado por ellos.***

# 110. No dejes tu mente desocupada

Algunas personas se pasan la vida como si tuvieran que darse el gusto de hacer algún tipo de trabajo. Pareciera que su propósito fuera simplemente morirse un día. Pero tienes que entender que la vida es demasiado valiosa. No se nos ha dado para que la desperdiciemos en la búsqueda de cosas

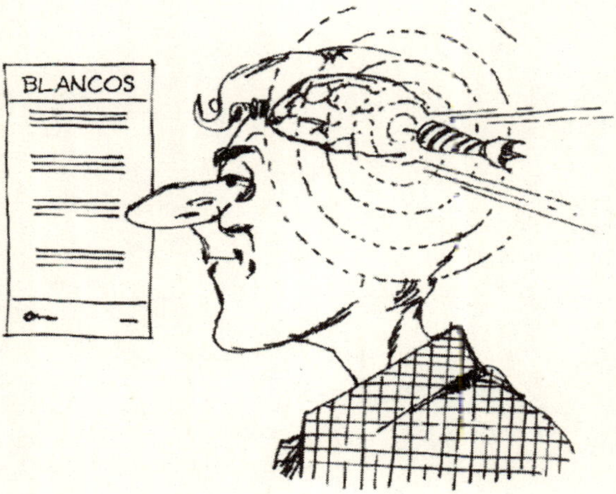


*La mente siempre debe tener una meta.*

inútiles y sin objetivo. ***No hemos venido a este mundo de vacaciones.*** Tenemos que tener y lograr algún tipo de finalidad.

El llevar una vida sin sentido es como patear una pelota por un campo de futbo,l de aquí para allá, sin intentar lanzarla a la portería contraria. Tienes que tener metas a corto y a largo plazo, tanto en tu vida profesional como en tu vida personal y después trabajar sistemáticamente para lograrlas paso a paso. Todas estas metas a corto y a largo plazo se convertirán finalmente en la base para lograr el propósito más alto en la vida que se llama ***autorrealización.*** Cualquier cosa que pienses, digas o hagas, deberá tener alguna intención. Las búsquedas sin objetivos no se recomienda en el yoga. ***Una mente sin dirección, normalmente sucumbe a su naturaleza más baja y se convierte en la víctima de todo tipo de vicios y bajos instintos.***

# 111. No imagines problemas y conflictos en tu vida

Algunas personas pierden mucho tiempo imaginándose futuros problemas, por ejemplo, para que esto o aquello no les pase, etc. En esta conexión, por favor, recuerda que los problemas y sucesos adversos en la vida se deberán enfrentar sólo cuando se presenten. Uno no debería darle vueltas o enfocarse en cosas que puedan suceder en un futuro. Por ejemplo, no pienses algo como "¿qué pasaría si me diera

cáncer?"; "¿qué pasará cuando mis hijos crezcan y me dejen?"; o "¿qué pasaría si perdiera mi trabajo?", etc., de hecho, encontrarás que ***el noventa y nueve por ciento de las cosas que imaginas nunca sucederán. Solamente son la construcción de nuestra mente dudosa y de nuestra imaginación salvaje.***

Como lo mencionamos anteriormente, ***aún cuando algo malo suceda, siempre tendrás el poder para resolverlo.***

***Ningún problema o percance puede ser mayor que tú.*** Más aún, nunca estarás solo durante cualquier tipo de adversidad. El Omnisciente y Todopoderoso Dios siempre está contigo sin importar la circunstancia en la que te encuentres. ***El mundo entero te podrá dejar, pero Él nunca lo hará.*** Así es que nunca te desanimes y recuerda siempre este principio: ***"Simplemente enfrenta los problemas como vengan. No le des demasiadas vueltas al asunto".***

# 112. No detengas tu vida cuando estés alterado

Muchas personas detienen o por lo menos retrazan su vida cuando están disgustadas. Puede ser que te hayas molestado por una crítica desagradable de alguna persona, o por un insulto, o por algún comentario sarcástico, o por la falla en algún proyecto. Puede haber miles de razones.

Hasta que tu estado de ánimo se normalice, todas las actividades de tu vida irán a paso lento. No nos damos cuenta

que al detenernos o al ir más lento, gracias a nuestro mal genio, estamos empeorando las cosas al perder un tiempo valioso, deteniendo nuestra vida.

Tarde o temprano, cuando nuestro humor se normalice, nuestra vida recuperará el paso, pero el tiempo que perdamos en este periodo de transición será irrecuperable. Nunca lo podremos traer de vuelta. El punto es que la vida no tiene que detenerse. Tiene que continuar.

Tarde o temprano tendrás que retomar tu ritmo normal de trabajo, entonces ¿por qué detenerlo durante ese corto periodo? Dirás que esto es prácticamente imposible, pero esfuérzate, usando tu fuerza de voluntad, e intenta no interrumpir tu ritmo de trabajo durante el tiempo que no te encuentres de humor, dándote cuenta que si lo haces, será una doble pérdida. Aún cuando tu humor no coopere, sigue trabajando. De hecho, el mantenerte ocupado durante estos cambios de humor también te ayudará para que tu mente no regrese a ese incidente negativo.

Por lo que concierne a tu humor, tendrás que olvidar ese incidente en particular la próxima semana, el próximo mes o el próximo año, debido al torrente de nuevos eventos que irán diluyendo los efectos de hechos anteriores. Así que ¿por qué no olvidar los incidentes desagradables tan pronto como sea posible y volver a nuestro estado de ánimo de siempre?

# 113. Evita los pleitos constantes y las quejas

Algunas personas tienen el hábito de discutir y de quejarse constantemente, por ejemplo, esto no está hecho; no me gusta aquello; nadie me preguntó nada antes de hacer esto o aquello; etc. La lista es interminable. Su bolsa siempre está llena de quejas sobre personas y situaciones. Estas personas rara vez aprecian las buenas cosas. De hecho, todo lo que

hagamos bien, simplemente no les afecta. Olvidan rápidamente las cosas buenas. Su énfasis es únicamente en el lado negativo de la vida. Solamente protestan y se quejan. Debido a esta actitud, permanecen constantemente bajo tensión. Esto se debe a que podrían hacer interminables listas de fallas en el comportamiento humano ya que no hay nadie perfecto.

En vez de pelearte constantemente, deberías hacer algunos cambios en tu actitud y en tus reacciones. Antes que nada, aprende a apreciar las cosas buenas que hacen las personas. En segundo lugar, cuando tengas que señalarle a alguien algún defecto sobre una cosa, díselo de manera objetiva, de preferencia por escrito, si está relacionado con la oficina, como si fuera una cosa natural y que se puede remediar. No te pongas emocional sobre el asunto. No deberá haber ningún rencor o animosidad contra esa persona. Sin embargo, deberás intentar ayudarla, primero con medios sicológicos, usando tus habilidades directivas y de comportamiento.

En caso de que tengas una queja sobre alguien que no sea tu subordinado, pero que sea tu igual, o tu superior, o una persona de otro departamento, entonces solamente pídele que cambie, en vez de arruinar la relación con ella al convertir el asunto en una pelea personal. Sin embargo, si no les interesa resolver el asunto, entonces escríbele a las autoridades superiores. La experiencia demuestra que al cambiar el tono de voz a uno de petición, y al expresar tu punto de vista con una sonrisa, en vez de mostrar señales de enojo, generalmente funciona de maravilla para que los demás hagan las cosas. ***Por favor recuerda que tu propósito en esta vida no es establecer los derechos que tiene la gente o de vengarte de malas personas debido a su comportamiento. Todos estos trabajos relacionados con la justicia y con controlar el orden general del mundo, le pertenecen a Dios. Tu objetivo es simplemente realizar tu trabajo cruzando las barreras (en forma de personas y situaciones) de tal manera que haya un mínimo de resentimiento, violencia, enojo y confrontación. Considera que, sin importar lo mala que sea una persona, el confrontar y pelear nunca serán el camino para tratarla.*** Puedes buscar muchas otras maneras diplomáticas y tácticas para confrontarla. ***El enojarte con personas y situaciones des-***

***agradables no es un acto de valentía y grandeza. Nadie lo puede hacer.*** Tu grandeza está en mostrarte superior a dichas actitudes mecánicas, al conseguir el control sobre ti mismo.

Algunas veces deberás estar preparado para enfrentar insultos y arreglártelas con el mal comportamiento de otros, con el interés principal de realizar un buen trabajo, ya que este trabajo es más importante para ti que el comportamiento de la otra persona.

También aprende a resolver tú mismo las cosas, en vez de molestar a los culpables que deberían de haberlo hecho correctamente. Por supuesto, podrás informar a la persona involucrada (después de arreglar todo) de manera que sepa el error que cometió. Inclusive, también podrías tomar acción en contra de la persona por no haber sido eficiente en sus labores.

## 114. No gastes tu energía en complacer y satisfacer a los demás

Algunas personas hacen esfuerzos sobrehumanos para complacer y satisfacer a los demás, pero estas personas terminan sintiéndose frustradas cuando, a la larga, se dan cuenta de que todos sus esfuerzos han sido inútiles y nadie ha quedado satisfecho.

De hecho, ***el actuar de esta forma es como hacerse el tonto con uno mismo, porque la verdad es que no podrás satisfacer a nadie.*** La razón de esto es que todo el mundo tiene innumerables expectativas y deseos, y es imposible satisfacerlas todas. Si hay alguien a quien puedas satisfacer, es solamente a ti mismo y a nadie más. De la misma manera, cualquier otra persona sólo puede quedar satisfecha por sí misma y no por nadie más.

Así que, no pierdas tiempo y energía innecesaria en tratar de complacer y satisfacer a los demás. ***El tratar siempre te llevará a sentir tensión. La felicidad es un estado mental natural y se obtiene sin necesidad de esforzarte.*** Cuando tu mente esté calmada, quieta y libre de todas las emociones negativas, automáticamente experimentará bienestar. La felicidad no es un objeto que se le pueda dar a una persona. Es un sentimiento que cada quien lo tiene que experimentar dentro de sí mismo. ***La mayor contribución que puedes hacer para que los demás sean felices, es estar primero tú feliz y alegre para que las vibraciones que emitas provoquen un estado similar en los demás.***

# 115. Piensa menos y haz más

Algunas personas desperdician mucho tiempo en pensar y pensar. Hacen muchos planes en su imaginación y creen continuamente que quieren hacer esto o aquello. Aunque sus intenciones no son malas y en verdad quieren aprender y lograr algo en la vida, no son capaces de alcanzarlo porque su planteamiento no es el correcto. Permanecen todo

el tiempo frustrados y deprimidos ya que no logran lo que quieren. Esto se debe a que la mayor parte de su tiempo lo pierden pensando. Aún cuando están trabajando, su mente sigue solamente razonando en sus futuros planes. De manera que no son capaces de concentrarse apropiadamente en su actual trabajo.

Aunque cierta cantidad de pensamientos y planes son necesarios para hacer un trabajo perfecto, el constante parloteo de la mente no es deseable. La mejor manera de eliminar este parloteo y alcanzar lo máximo en la vida es nunca permitirte desperdiciar el tiempo soñando despierto durante un gran lapso. Siempre toma algo (de tu gran lista de labores) y déjate absorber en ello. Luego, toma otra tarea e involúcrate en ella. Tu frustración viene del hecho de que quieres aprender y lograr todo de manera instantánea en el mínimo tiempo posible. Esto, como sabes, es matemáticamente imposible. Además, sabes que tus deseos también cambian en función del tiempo. Por ejemplo, tus deseos y planes no son los mismos que hace veinte años. En esa época (hace veinte años), estabas desesperado por lograr ciertas cosas, pero ahora ya no lo estás.

Es por eso, como mencionábamos anteriormente, que no tienes que esperarte para disfrutar a que todos tus planes se hayan materializado. Deberías encontrar alegría en el proceso de trabajar, al permanecer completamente enfocado en cada trabajo y actividad, las cuales te llevarán a lograr tu meta final. Tu alegría depende de tu habilidad de permanecer en el momento presente, mientras haces cualquier actividad lo mejor que puedas.

# 116. No trates de cambiar a los demás

Si examinamos cuidadosamente tu vida, descubriremos que la mayoría de tu energía la has desperdiciado tratando de cambiar a los demás. Nunca nos detenemos a pensar, ni siquiera un momento, en que tal vez nosotros también necesitamos cambiar. Siempre pensamos que los demás son los

responsables de la tristeza y la miseria de nuestras vidas y, a menos de que los demás cambien, no podremos ser felices.

El duro hecho de la vida es que no puedes cambiar a los demás de manera directa y a la fuerza. En vez de eso, entre más te esfuerces por cambiar a los demás, su ego se volverá más inflexible a dicho cambio, porque una característica del ego es oponerse o resistirse. El ego no dirá fácilmente "si" o "acepto".

El cambio en los demás sólo puede pasar de manera indirecta y no directamente, como se mencionaba anteriormente. Así que, es un suceso y no un hecho. Ahora, la pregunta más importante es, ¿cómo hacer que esto suceda? Para lograr que funcione, la única manera es cambiar tú mismo, cambiar tus reacciones y respuestas hacia lo que los demás están haciendo y la forma en que se están comportando. Si cambias tu actitud y tu reacción, las otras personas no podrán seguir comportándose de la misma manera. También tendrán que modificar su reacción y es de esta forma que la gente a tu alrededor, indirectamente, empezará a cambiar mediante tu propio cambio.

Ahora, para transformar a las personas que no están directamente asociadas contigo, pero que trabajan en otro departamento y afectan la vida de las personas en general, podrás seguir un enfoque diferente. La manera no es acosarlos día y noche, sino escribir cartas a las autoridades correspondientes y, ocasionalmente, encontrarlos en grupos pequeños para informarles tus problemas y la falta de sinceridad de parte de sus subordinados, si es que así fuera. Esto, definitivamente traerá algunos resultados, aún cuando no sean de tu entera satisfacción. Pero si simplemente te sientas perezosamente y acusas y abusas de estas personas dentro de ti mismo, nada sucederá, excepto que tu tensión y frustración aumentará.

Así es que, a final de cuentas ***"la única manera de cambiar a los demás es cambiando tú mismo".***

# 117. Evita el hábito de encontrar defectos en los demás

Somos muy egoístas cuando se trata de felicitar a los demás por las cosas buenas que hacen. Pero somos muy generosos cuando se trata de encontrar fallas y señalar los errores y equivocaciones en el trabajo de los demás. Deberíamos intentar desarrollar la actitud opuesta, felicitar ampliamente

a la persona cuando haya hecho un buen trabajo. Esto les dará ánimo y apoyo a todos para que continúen haciendo bien las cosas. Por otro lado, deberíamos ser egoístas y reservados al publicar los defectos y errores de los demás. Hay una cita que dice ***"alaba en público y critica en privado."*** No significa que te quedes callado al notar las faltas, errores y equivocaciones cometidas por algunas personas. Si alguien está trabajando para ti y quieres señalarle algún defecto, equivocación o deficiencia, lo tendrás que hablar con él/ella en privado. Pero nunca deberás hacer públicas sus fallas o debilidades.

Además hay que observar que cada vez que te enfocas en alguna cosa negativa de una persona, también estás temporalmente cargado con esa negatividad, mientras que cada vez que piensas en cosas buenas, te llenas positivamente de ellas. Así que, date cuenta que también es por tu propio beneficio enfocarte más en los puntos positivos en vez de los negativos de los demás.

Otra cosa de la cual debemos darnos cuenta es que solamente una persona que trabaja puede cometer errores. Vemos a mucha gente que no hace nada, pero en cuanto alguien toma la iniciativa, estará vigilándolos para buscar algo que criticarles, para observar cualquier error o deficiencia en su trabajo, para observar cualquier descuido o falla. Ésta no es una actitud madura y espiritual. Una actitud sensata es darle apoyo positivo a la persona que está mostrando algo de iniciativa.

# 118. Desarrolla más y más *satoguna*

Nuestros textos de yoga y las escrituras antiguas hablan sobre tres tipos de tendencias o *gunas,* en la constitución del hombre, las cuales son:

— ***Rajoguna***

— ***Satoguna***

— ***Tamoguna***

Mientras que *rajoguna* y *tamoguna* te jalan hacia tu naturaleza más baja, *satoguna* te jala hacia arriba, hacia tu

*Comer alimentos* satwik *aumenta tu* satoguna.

naturaleza más elevada o divina. *Rajoguna* se caracteriza por una mente demasiado activa e inquieta, la cual siempre está buscando algún tipo de emoción o placer basado en el ego. Bajo la influencia de *rajoguna*, aunque parezca que estás muy activo y corriendo de un lado para otro, no tienes ningún sentimiento de verdadera realización, estimulación y gozo en la vida. Simplemente permaneces tenso, agitado, excitado y descontento.

*Tamoguna* se caracteriza por la inercia, apatía, inactividad, flojera, descuido y demora. Quisieras permanecer somnoliento, adormilado y olvidadizo. Tampoco tienes un sentimiento de satisfacción y simplemente te sientes muerto y aburrido.

*Satoguna* se caracteriza por una mente activa, pero serena y balanceada. *Satoguna* es el punto medio entre *rajoguna* y *tamoguna*. Contiene las características buenas de ambas. Las personas con *satoguna* nunca están ni muy sobreexcitados (como en *rajoguna*), ni aburridos y agotados (como en *tamoguna*). Se encuentran en una hermosa mezcla de actividad y relajación. Permanecen activos, pero calmados, libres de estrés y relajados (meditación en acción).

Si nos queremos desarrollar espiritualmente, deberíamos crecer más y más en *satoguna* o *satwa*. Nuestro estilo de vida debería ser *satwik* y deberíamos intentar vivir lo más que se pueda precisamente en un ambiente *satwik*. De hecho, *Satwa* actúa como un medio para obtener la última meta de tu vida, la autorrealización. Al ingerir comida *satwik*, escuchar música *satwik*, permanecer cerca de la naturaleza; al llevar un estilo de vida común, al mantener la limpieza de tu cuerpo y tus alrededores, al hacer yoga regularmente, *pranayama*, al meditar, al mantener un silencio lo más que se pueda, utilizando colores espirituales y relajantes en tu entorno, al instalar fotos y pinturas hermosas cerca de ti, al usar objetos naturales, en vez de materiales sintéticos, al estudiar literatura profunda. Todos esos son esfuerzos para lograr el fortalecimiento del *satoguna* dentro de ti.

# 119. No te hagas daño sirviendo a los demás

Hay un gran malentendido en nuestra sociedad con respecto a la palabra **"servicio".** La gente normalmente piensa que una persona es maravillosa si se afecta y se sacrifica a sí misma mientras sirve y ayuda a los demás. Pero la espiritualidad no promueve este fenómeno sin sentido.

*Toma las precauciones necesarias para protegerte cuando estés ayudando a un paciente.*

Según la filosofía espiritual, deberás ayudar a los demás, hacer lo que puedas por el bienestar de la sociedad, pero sin lastimarte. Si te destruyes ¿cómo ayudarás a otros? Tienes que mantenerte física y mentalmente apto para poder ayudar y servir a los demás apropiadamente. He visto a muchas personas que, mientras cuidan a un paciente enfermo e infectado, no toman las precauciones necesarias para protegerse, en nombre del amor y del cuidado, y se contagian de la misma enfermedad.

Existe algo de inconveniente e incomodidad al hacer alguna labor física extra, al servir a los demás, pero el lastimarte y el destruirte en el proceso, no es una señal de sabiduría y madurez. La manera correcta de ayudar, es hacerlo mientras te mantienes mental y físicamente apto y fuerte. Algunas personas lo llamarán egoísmo, pero no lo es. El verdadero significado de egoísmo es hacer algo para ti mientras lastimas a los demás o ignoras sus intereses. Hacer algo para tu protección, desarrollo y comodidad, sin lastimar y afectar a nadie, no es egoísmo.

Por supuesto, en algunas raras ocasiones, el sacrificarte por el bien de otros, podría ser apropiado, solamente si fuera por un interés mayor del ser humano y de la sociedad y cuando sirviera para alguna causa o propósito más grande. Esto es por que la "totalidad" siempre será más importante que una "parte". Pero sacrificarte por pequeñas cosas y aficiones no es algo recomendable desde la perspectiva espiritual.

# 120. Aprende a aceptar todo en la vida

Una de las mayores causas de pena y tensión en nuestras vidas, es que no somos capaces de aceptar cuando algo desfavorable, malo e inesperado se nos presenta. Supón que hemos fallado en un examen, hemos contraído alguna enfer-

medad o alguien cercano a nosotros nos ha engañado. En estas condiciones nos volvemos sumamente inquietos y nos frustramos al no entender por qué sucedieron así las cosas. Nuestros pensamientos son ***"Nunca me esperé esto; trabajé tan duro y aún así fallé; hice tanto por esa persona y aún así me engañó; por qué las personas no cooperan conmigo y me atienden apropiadamente."***

La clave para la felicidad es que cambies tu actitud mental, de la resistencia a la aceptación. Deberías afirmar en tu mente lo siguiente: *“Aceptaré todo en la vida sin importar lo que pase, bueno o malo, agradable o desagradable. Me doy cuenta que cualquier cosa puede pasar en la vida”.* Ya que en el mundo hay personas buenas y malas, también pueden suceder cosas buenas y malas. Inclusive una persona buena se puede convertir en una mala, así como una persona mala se puede convertir, más adelante, en una buena. No debería sorprendernos. En la vida, todas las posibilidades están abiertas.

Para solucionar cualquier problema, el primer paso es la aceptación, por ejemplo, este problema está aquí y podría estar allá. No hay nada inusual en la existencia del problema. El segundo paso es encontrar una solución o hacer un esfuerzo en dirección de superar el problema. Pero si no eres capaz de dar el primer paso ¿cómo darás el segundo?

# 121. No desarrolles odio por lo malo

Se nos enseña desde el principio de la vida que debemos "amar lo bueno y odiar lo malo." Y obviamente esto significa que si una cosa es mala, deberíamos también odiarla. Así que, gradualmente, empezamos a acumular odio en nuestros corazones hacia las cosas, personas o eventos malos con los que nos enfrentamos en la vida, cuando la verdadera espi-

ritualidad no promueve este principio. La espiritualidad nos enseña a no odiar ninguna cosa o persona, sin importar lo mala o mezquina que sea.

La razón es que al odiar las cosas malas, no estás ayudando ni a esa cosa, ni a ti mismo. Odiar alguna cosa o persona mala, no va a hacer que cambie. De forma similar, te afecta porque tu mente se vuelve negativa cuando odias y esto te lastima, tanto mental como físicamente, ya que tu cuerpo y tu mente están ligados.

El odio no es un sentimiento que deba relacionarse con las cosas, ya que una vez que odies algo, te vuelves apegado a ello en términos de odio. No eres capaz de sacarlo de tus pensamientos. Esa cosa gira continuamente alrededor de tu mente. Los defensores de la espiritualidad se desapegan tanto de lo bueno, como de lo malo. Quieren que simplemente seas un observador, y que no te inclines por ninguno de los dos. Así que, si odias alguna cosa ¿cómo desarrollarás un desapego, considerado como la verdadera clave de la espiritualidad?

El modo correcto para manejar lo malo, es no verlo con los ojos llenos de odio, sino aceptarlo, antes que nada, y luego considerar las causas que lo llevaron a ese estado. Después decide qué contribución puedes hacer para diluir o disolver esa maldad. Es verdad que no podrás cambiar todas las cosas malas a buenas en este mundo y tampoco se espera que lo hagas. Solamente, sin importar lo poco que sea posible dentro de tus alcances y limitaciones, se supone que tendrás que hacer lo que puedas. No es necesario que prometas destruir toda la maldad del mundo.

En conclusión, en vez de odiar, concéntrate en tomar acciones para mejorar las cosas que son malas, lo más que se pueda. Sin embargo, hay muchas otras cosas en la vida que están más allá de nuestro control. En tales circunstancias, en vez de maldecirte a ti y a los demás, acéptalos como tu destino y ajústate de tal manera que el daño que te causen sea mínimo. En otras palabras, cuando aparentemente no puedas hacer algo, simplemente cambia tu reacción o respuesta hacia esa situación.

# Conclusión

Con conocimiento constante y práctica de los consejos antes mencionados, tu mente, gradualmente se limpiará de todas las impurezas, dudas, prejuicios, miedos y deseos insatisfechos que estén albergados en tu mente subconsciente, en forma de impresiones o *samskaras,* y se volverá fuerte, positiva, pura, balanceada y estará perfectamente bajo control. ***Luego, difícilmente importará en dónde te encuentres o lo que estés haciendo. Ninguna maldad te podrá contaminar.*** Siempre serás el mismo y no te impresionarás por la ganancia y el éxito, ni por el dolor de la pérdida y el fracaso. ***Siempre estarás lleno con una peculiar calma interna y alegría divina, las cuales no podrán ser molestadas y llevadas por circunstancias externas.***

Normalmente, cuando nuestra mente está débil y dispersa, y fuera de nuestro control, nos dejamos arrastrar de acá para allá como una gota en el inmenso océano, algunas veces riendo, algunas veces llorando, algunas veces amando u odiando. ***Mediante la práctica constante y la contemplación de los consejos aquí presentados, podemos lograr una posición estable y prevenirnos de bailar entre los extremos de la vida.***

---

***Nota:*** Existen algunas repeticiones de conceptos en diferentes puntos aquí y allá, pero lo he hecho a propósito para hacer hincapié sobre esas ideas en tu mente. Si alguien desea hacer alguna aclaración/discusión sobre cualquier punto, son bienvenidos a escribirme, mandándome un sobre con su dirección escrita y con los timbres necesarios para que les pueda responder.

Impreso en los talleres de
MUJICA IMPRESOR, S.A. de C.V.
Calle camelia No. 4, Col. El Manto,
Deleg. Iztapalapa, México, D.F.
Tel: 5686-3101.